人的資源管理と日本の組織

山下洋史 著

Human Resource Management
and Japanese Organization

同文舘出版

はしがき

　一般に「企業は人なり」といわれるように、ヒト・カネ・モノ・情報といった経営資源（3M＋I；Man, Money, Material, Information）の中でも、ヒト（人的資源）は、最も重要な資源（プライム・リソース）であろう。なぜなら、ヒトのみが他の経営資源（カネ・モノ・情報）を活用する能力を有し、かつ自身の行動により新たな価値を生み出すことができるからである。すなわち、新たな価値を生み出す「行動主体」となるのである。

　戦後、こうした人的資源のマネジメントを論じる人事管理論や労務管理論あるいは人事・労務管理論の諸理論が、主として米国から導入され、日本の大学・企業・公共機関に浸透していった。そして、近年ではこれらの学問領域は、「人的資源管理論」（あるいは「人材マネジメント論」）と呼ばれることが多くなりつつある（詳しくは、**第1章**を参照）。本書は、この「人的資源管理論」の基礎となるテーマを体系的に論じ、それを発展させた筆者のいくつかの研究を紹介する目的で企画された。

　一方で、上記のように米国から導入された人事管理論、労務管理論、人事・労務管理論、そして「人的資源管理論」は、日本の企業や公共機関で独自の発展を遂げ、米国とは異なる人的資源のマネジメントが展開されるようになった。しかしながら、こうした日本独自の発展を人的資源管理論に組み込もうとする研究が不足しており、日本でも米国流の人的資源管理論を前提とした議論が展開されている。とりわけ、バブル経済崩壊後の日本企業の低迷と、米国企業におけるIT（Information Technology；情報技術）あるいはICT（Information & Communication Technology；情報通信技術）を活用した人的資源管理の成功事例は、米国流の人的資源管理論をいち早く日本に導入しようとする流れを強化している。

　本書は、こうした問題意識に基づき、日本の組織を強く意識した人的資源管理論を展開しようとする入門書である。もちろん、入門書である以上、本書の記述の多くは、すでに広く認められた（日本に限定されない）人的資源

管理論の基礎となる諸理論であるが、それだけでは論じきれない「就社意識」「非適性配置」「内部労働市場」「年功型賃金」「利他的行動」等、日本独自の視点を組み込んでいる。その際、日本の人的資源管理における米国とは異なる特性に関して、一長一短があることをふまえた上で、あえて肯定的なスタンスに軸足を置いた議論を展開しているところに、本書の大きな特徴がある。そういった意味で、本書は「入門書」でありながら、「専門書」（特に、**第2部**の「発展編」）としての性格も併せ持っており、情報化の進展が著しい現在の企業活動において、プライム・リソースたる人的資源をいかにして支援し管理していくかを論じる目的で企画された人的資源管理の入門・専門書である。言い換えれば、上記の3Ｍ＋Ｉのうち、人的資源と情報資源に焦点を当て、これらの生み出すシナジーを論じることが本書の目的である。

　本書の構成は、**第1部**の「基礎編」（**第1章**〜**第8章**）と、**第2部**の「発展編」（**第9章**〜**第13章**）となっている。

　第1部は、人的資源管理論を構成する個別テーマを8つの章に整理し、その「基礎」を網羅的に述べている。筆者は、1996年に『人的資源管理の理論と実際』を、2006年に『情報化時代の人的資源管理』を、2011年に『日本企業のヒューマン・リソース・マネジメント』を、それぞれ出版しており、本書の**第1部**はこれらの著書を引き継いでいる。**第1章**は、人的資源管理論の概論であり、主として人事・労務管理から人的資源管理への流れを論じている。**第2章**〜**第8章**では、人的資源管理を構成する個別分野の基礎理論について、**第2章**：人事情報管理、**第3章**：雇用管理、**第4章**：教育訓練管理、**第5章**：労働条件管理、**第6章**：賃金管理、**第7章**：労使関係管理、**第8章**：労働意欲管理の順に解説している。

　ここで、注意すべきことが2点ある。その1つは、**第1章**〜**第8章**のすべてに「管理」という名称がつけられているが、ここでの「管理」がコントロールを意味するものではなく「マネジメント」を意味するという点である。本書は全体にわたって、メンバーに対するコントロール以上に支援（サポート）を重視しており、そういった意味で管理（マネジメント）の中にコント

ロールのみならずサポートを含めて考えるのである。

　もう1つは、本来は**第5章**の労働条件管理に**第6章**の賃金管理が含まれるが、賃金管理は労働条件管理を構成する最も重要な要素であると同時に、人的資源管理全体でも最も重要な要素であるため、あえて労働条件管理から独立させて**第6章**を設けた点である。したがって、「労働条件管理」といったときに、本来は賃金管理が含まれることになる。

　第2部は、**第1部**の議論をふまえた上での「発展編」であり、筆者の山下が人的資源管理論の領域で展開してきた一連の研究を紹介している。まず**第9章**では、日本の組織において関心の高い「組織活性化」に注目し、その概念枠組みと、山下の提案している「組織活性化のカタストロフィー・モデル」について論じている。**第10章**では、組織におけるコミュニケーションの重要性をふまえ、山下らの「コミュニケーション・ネットワーク・モデル」（無記憶通信路のモデルと記憶通信路のモデル）を紹介している。**第11章**では、PDS（Plan-Do-See）サイクルとPDCA（Plan-Do-Check-Action）サイクルという2つの管理サイクルの枠組みを、知識の価値と情報共有の側面から比較することにより、前者（PDSサイクル）の優位性を指摘している。さらに、日本の組織では、PDCAサイクルによるマクロ的情報共有とPDSサイクルによるミクロ的情報共有の「二重ループ」が形成されることを示唆している。**第12章**では、情報の非対称性に直面する二者の間に生じる優位・劣位の関係について論じている。そこで、山下らの提示している「利己的行動モデル」と「利他的行動モデル」を紹介し、人間関係を重視する日本では、後者のモデル（利他的行動モデル）によって記述される行動も多いことを示唆している。最後に、**第13章**では、品質管理の領域における魅力的品質と当たり前品質（狩野, 1984）、および行動科学（**第8章**を参照）の領域における動機づけ要因と衛生要因（Herzberg, 1966）を基に、学生にとっての就職条件を分析するための山下らの「魅力的就職条件と当たり前就職条件のダミー変数重回帰分析モデル」と「ワーク・ライフ・バランスを考慮した就職条件の就職満足度分析モデル」を紹介している。こうした**第2部**の議論は、人的資源管

理論の新たな研究テーマを開拓する役割を果たす可能性を秘めている。

　筆者の山下は、大学に入学してから本書の出版に至るまでの間に、多くの方々のご指導とご協力をいただいた。とりわけ、早稲田大学理工学部の尾関守名誉教授、明治大学商学部の風間信隆教授と諸上茂登教授、神奈川大学工学部の松丸正延元教授、早稲田大学理工学術院の大野高裕教授から、多くの貴重なご指導をいただき、こうしたご指導が本書に大きく反映されている。それに加えて、尾関名誉教授と大野教授には1992年の博士（工学）学位論文の主査・副査として常に温かいご指導をいただき、風間教授・諸上教授・松丸元教授には2004年の博士（商学）学位論文の主査・副査のみならず、文部科学省　学術フロンティア推進事業とオープンリサーチセンター整備事業の研究プロジェクトにおける共同研究者としても、多大なるご助言とご尽力をいただいた。5人の先生方のこれまでの温かいご指導に心からの謝意を表したい。

　一方、本書の**第2部**では、最近の筆者の共同研究成果を紹介しており、こうした共同研究活動を展開していただいた、明治大学の萩原統宏教授、愛知淑徳大学の上原衛教授と鄭年皓准教授、山梨学院大学の金子勝一教授、横浜商科大学の東海詩帆准教授、共愛学園前橋国際大学の村山賢哉准教授、青山学院大学の臧巍助教、日本学術振興会特別研究員の権善喜氏、ANAシステムズ（株）の村山誠氏、気象予報士の栗原剛氏に深く感謝したい。

　最後に、今回の出版にあたって多大なるご助力をいただいた同文舘出版の市川良之取締役出版部長と大関温子氏に深く感謝の意を表すしだいである。

2016年5月

山下　洋史

人的資源管理と日本の組織●目次

第1部 基礎編

第1章 人事・労務管理から人的資源管理へ　3

1.1 人的資源管理とは ── 3
1.2 人的資源管理の目的 ── 6
1.3 人的資源管理の主体 ── 8

第2章 人事情報管理　11

2.1 人事情報システム ── 11
2.2 職務分析 ── 12
（1）職務分析の目的と方法●12
（2）職務記述書と職務明細書●13
（3）職務評価●14
2.3 人事考課 ── 14
（1）人的資源管理における人事考課の位置づけ●14
（2）人事考課の設計●15
（3）考課方式●16
（4）評定要素とそのウェイト●20
（5）評定の信頼性と評定者の評定傾向によるバイアス●23
2.4 評定傾向分析モデル ── 25

第3章 雇用管理 29

3.1 採用管理とスクリーニング仮説・シグナリング理論 ── 29
（1） 採用管理の量的側面と質的側面 ● 29
（2） 要員計画 ● 30
（3） スクリーニング仮説とシグナリング理論 ● 31

3.2 配置管理 ── 33
（1） 適正配置と非適性配置 ● 33
（2） 配置転換の目的 ● 34

3.3 昇進・昇格管理と内部昇進制モデル ── 35
（1） 昇進・昇格管理 ● 35
（2） 日本の半水平的組織構造と昇進・昇格 ● 38
（3） 内部昇進制モデル ● 40

3.4 退職管理 ── 41
（1） 定年退職と中途退職 ● 41
（2） 定年延長 ● 42
（3） 選択定年制 ● 43

第4章 教育訓練管理 45

4.1 教育訓練の目的 ── 45
4.2 OJTとoff JT ── 46
（1） OJT ● 46
（2） off JT ● 47

4.3 一般訓練と特殊訓練 ── 48
4.4 階層別教育訓練 ── 49
（1） 新入社員教育 ● 49
（2） 一般従業員教育 ● 50
（3） 管理者・監督者教育 ● 50

（4）経営者教育 ● 51

第5章　労働条件管理　53

5.1　福利厚生管理 ——— 53
（1）福利厚生とは ● 53
（2）法定福祉と法定外福祉 ● 54

5.2　労働時間管理 ——— 55
（1）労働時間管理の4つの側面 ● 55
（2）フレックス・タイム制 ● 57

5.3　安全衛生管理 ——— 59
（1）安全衛生管理体制 ● 59
（2）作業環境 ● 59
（3）疲労 ● 60
（4）メンタル・ヘルス ● 61

第6章　賃金管理　63

6.1　賃金管理の役割 ——— 63
6.2　賃金支払いの5原則 ——— 64
6.3　賃金水準の決定要因 ——— 65
6.4　賃金形態 ——— 67
6.5　生活保障モデル ——— 70

第7章　労使関係管理　71

7.1　労使の利害関係が対立する側面と一致する側面 ——— 71
7.2　労働組合 ——— 72
7.3　労働三権 ——— 74
（1）労働三権とは ● 74
（2）団体交渉 ● 74

　　　　（3）争議行為 ● 75
7.4 囚人のジレンマ・ゲームによるストライキの考察 ──── 76

第8章 労働意欲管理　79

8.1 人間関係論 ──────────────────── 79
8.2 行動科学の諸理論 ─────────────────── 81
　　　　（1）X理論・Y理論 ● 82
　　　　（2）欲求5段階説 ● 82
　　　　（3）動機づけ・衛生理論 ● 84
8.3 リーダーシップの理論 ──────────────── 85

第2部

発 展 編

第9章 組織活性化のカタストロフィー・モデル　91

9.1 組織活性化とは ──────────────────── 92
9.2 学習の二面性と組織活性化 ────────────── 93
9.3 組織活性化のカタストロフィー・モデル ─────── 95
9.3 カタストロフィー・モデルによるメンバーの活性化の示唆 ─── 97

第10章 コミュニケーション・ネットワーク　101

10.1 コミュニケーションとコミュニケーション・ネットワーク ── 101
10.2 コミュニケーション・ネットワークの概念的記述 ───── 103
10.3 ネットワーク内の情報の分布 ─────────────── 104
10.4 ネットワークの情報エントロピー ───────────── 106
10.5 自己ループによる情報の停滞のモデル化 ──────── 107

10.6 ゲートキーパーの役割 ——————————————— 108

第11章 日本の組織における管理サイクルの二重ループと情報共有 113

11.1 大局的情報としての「知識」と局所的情報としての「狭義の情報」——————————————— 114
11.2 知識の価値を構成する「説明可能性」と「簡潔さ」——— 116
11.3 組織における情報共有の必要性 ————————— 117
11.4 組織における管理サイクルの役割 ———————— 119
11.5 PDSサイクルの優位性とPDCAサイクルの劣位性 —— 120
11.6 日本の組織におけるPDCAサイクルの「弱適合性」— 122
11.7 PDCAサイクルにおけるマクロ的情報共有とPDSサイクルにおけるミクロ的情報共有 ——————————— 124

第12章 情報の非対称性における利己的行動モデルと利他的行動モデル 131

12.1 情報の所有と占有・共有 ————————————— 132
12.2 組織における情報共有を促す要因の心理学的検討 —— 133
12.3 情報の非対称性における利己的行動モデル ———— 134
12.4 情報の非対称性における利他的行動モデル ———— 137
12.5 ネガティブ情報の内容的価値と占有的価値 ———— 140
12.6 個人情報の価値構造モデル ——————————— 141

第13章 魅力的就職条件と当たり前就職条件の分析モデル 147

13.1 魅力的品質・当たり前品質と動機づけ要因と衛生要因 —— 148
13.2 魅力的就職条件と当たり前就職条件 ——————— 150
13.3 魅力的就職条件と当たり前就職条件のダミー変数重回帰分析モデル ————————————— 151
13.4 ワーク・ライフ・バランスを考慮した就職条件の就職満足度分析モデル ————————————— 154

13.5 **魅力的就職条件・当たり前就職条件・一元的就職条件の実証分析** ―――― *158*

索引 ● *165*

第1部 基礎編

第1章 人事・労務管理から人的資源管理へ

　近年、企業において経営戦略の重要性がクローズアップされている。さらに、企業のみならず、地域や公共機関でも、「生き残りをかけた経営戦略」ということが、叫ばれるようになった。一般に、経営戦略は「企業（組織）を取り巻く環境変化に適応させるための根幹となる経営政策とその策定プロセス」[1.1]とされるが、その際に自らの限られた経営資源をいかに事業や市場に配分するかが重要な課題となる。企業には、ヒト（人的資源）・カネ（金銭的資源）・モノ（物的資源）・情報（情報資源）といった3M＋Iの経営資源が存在するが、これらの中心に位置づけられる資源（プライム・リソース）が「人的資源」であることは、「はしがき」でも述べた通りである。

　従来、上記の人的資源を対象とした経営管理の研究分野は「人事・労務管理」と呼ばれていた。しかしながら、経営資源の最適配分をめざす経営戦略という立場から人間や組織を捉えた場合、人的な「経営資源」を対象とする意味で、「人的資源管理」（あるいは「人材マネジメント」）の名称の方がふさわしいように思われる。こうした「人的資源管理」の名称を用いるようになりつつある要因に関しては**1.1節**にて詳しく述べることにする。

　本章では、まず人的資源管理とは何かについて、人事・労務管理と対比させながら論じた上で、人的資源管理の目的を労働力・労働者人格・賃金労働者の3つの側面から整理していくことにする。さらに人的資源を誰が行うべきかの行動主体について検討していくことにする。

1.1 人的資源管理とは

　近年、人的資源管理（HRM；Human Resource Management）という名

称が頻繁に使用されるようになってきた。また、これを「人材マネジメント」と呼ぶこともあるが、その場合も英訳すればHuman Resource Managementとなる。これまで、企業におけるヒトの管理は、「人事・労務管理」として論じられてきた。もちろん、現在でも人事・労務管理という名称は広く用いられているが、人的資源管理や人材マネジメントという名称が用いられることが多くなりつつあることも、また事実である。それでは、人的資源管理（あるいは、人材マネジメント）は、従来の人事・労務管理のアプローチとどのように異なるのであろうか？

これに関して、奥林[1.2]は次の3点を指摘している。

1) **人的資源管理は人事・労務管理の研究対象の拡大として、企業における経営戦略と人事・労務管理制度の双方を含む。**

　このことは、経営資源の最適配分を行う経営戦略の一環として企業における人的資源を捉えようとする立場を端的に表している。従来の人事・労務管理が、主として「制度面」を研究対象にしてきたのに対して、人的資源管理は、それらの諸制度が企業経営全体の中でどのような役割を果たし、経営戦略といかに結びついているかに注目するのである。

　例えば、人的資源管理では、ただ単に必要な人数をいかに確保するかの採用管理ではなく、いかに優れた人的資源を、いかに少ない人件費で確保するかといった採用戦略が求められる。ここで、「戦略」であるということは、その背後に競争があることを意味するため、こうした競争に勝ち抜くための計画を作成し、それを実行することが、その際の課題となる[1.3]。

　したがって、人的資源管理を「システム」として捉えた場合、経営管理のサブ・システムであると同時に、経営戦略のサブ・システムとして位置づけられる。

2) **上と同様に、研究対象の拡大として、企業の組織構造をその対象に含めている。**

　本書では、この側面を重視している。特に、ヒエラルキー・コントロール

を基軸とした垂直的な組織構造と、水平的なコーディネーションを基軸としたフラットな組織構造との比較の問題、それに関連して堅い組織（tightly coupled system）と柔らかい組織（loosely coupled system）との比較の問題や、組織におけるメンバーの活性化と学習との関係について重視している。

こうした組織特性の問題は、日本と欧米の組織特性を比較する際にも重要な役割を果たし、日本の人事・労務管理における終身雇用（と呼ばれる長期的雇用・長期的勤続）や内部昇進制、さらにはジョブ・ローテーションやOJT（On the Job Training）とも結びついている。また、本書ではコミュニケーションの側面から組織特性の問題を捉えたコミュニケーション・ネットワーク・モデルを、**第10章**にて紹介している。

3) **人事・労務管理においては職務に適した能力を持つ人材をいかに能率的に選ぶかが重要な課題であったが、人的資源管理では経営条件の変化に適応するための能力開発に注目する。**

能力開発は、経営環境の変化と、それにともなう組織構造の変化に対して、企業戦略や新製品開発の意思決定といった弾力性のある適応能力を養うことを意味する[1.4]。したがって、人的資源管理には、職務要件と職務遂行能力との対応のみに注目する従来の固定的な視点ではなく、人的資源の潜在能力を引き出し、環境の変化に対する適応能力を高めるというダイナミックな視点が求められる。

本書では、奥林[1.2]のいう上記の3点に、4点目として「経営モデル化」をめざすという視点を新たに組み込むことにする。従来の人事・労務管理では、主に「制度面」に注目したアプローチをとってきたのに対して、本書で述べる人的資源管理論は、経営の場における人間と組織の行動・心理・意思決定・情報処理の「モデル化」に力点を置くのである。このことは、一般論としての人的資源管理論の満たすべき条件というわけではないが、人事・労務管理というよりも人的資源管理という方が「モデル化」の立場は伝わるのではないかと思われる。

そこで、本書の**第2部**では、筆者の山下がこれまで提案してきた各種マネジメント・モデルを紹介している。そのテーマは、組織活性化（**第9章**）、コミュニケーション・ネットワーク・モデル（**第10章**）、管理サイクルの二重ループ・モデル（**第11章**）、利己的行動モデルと利他的行動モデル（**第12章**）等、多岐にわたっている。しかしながら、これらのモデルも人的資源管理の領域全体を網羅するにはほど遠く、モデル化すべき領域の全体像からみればごく一部にすぎない。それでも、経営モデル化という大きな目標に対する第一歩として、本書が人的資源と経営組織の側面から多少なりとも貢献することができればと考えている。

1.2 人的資源管理の目的

人的資源管理は、労働者の持つ3つの側面をその対象としている[1.4]。その1つは、企業活動の源泉となる「労働力」の側面であり、2つ目は、機械と違って欲求・感情を持った行動主体であるという「労働者人格」の側面である。さらに、3つ目は、できるだけ高い賃金を得ようとし、そのために労働組合を構成する「賃金労働者」の側面である。こうした3つの側面を持つところが、他の経営資源（カネ・モノ・情報）とは異なる特徴であり、このことが人的資源管理の議論を複雑にしている。

企業が労働者に対して求めるもののほとんどは、労働力である。「人的資源」という言葉自体も、こうした労働力の側面を強く意識している。しかしながら、労働者から労働力のみを切り離すことはできない[1.4]。すなわち、労働者人格の側面を無視した人的資源管理を展開すれば生産性は低下し、賃金労働者の側面を無視すれば企業内の労働秩序が不安定化してしまうのである。これら3つの側面をバランスよくマネジメントしていかなければならないところに人的資源管理のむずかしさがある。

人的資源管理の究極の目的は、他の経営管理（生産管理・財務管理・販売管理・情報管理等）と同様に、企業の最大利潤の獲得と、それによる社会へ

の貢献[1.4]にあるが、これを労働者の持つ３つの側面に分解すると、次のように整理することができる。

　まず、「労働力」の側面における目的は「人的資源の有効活用」にある。そのためには、タイムリーな人事情報に基づき、採用・配置・異動・昇進と昇格・退職といった一連の雇用管理を適切に展開するとともに、教育訓練によって労働力の質を高めることが求められる。例えば、採用の際の職務の資格要件に合致し、かつ高い潜在能力を持つ人的資源を採用して配置し、その能力を教育訓練やジョブ・ローテーションによって高めた上で、こうした能力を最大限に発揮することができるような役職や資格を与えて、さらに広範囲な活躍を図るよう導くのである。

　次に、「労働者人格」の側面における目的は「労働意欲の高揚」にある。労働者は、明らかに労働力を備えた行動主体であるが、それ以前に人格を持った人間である。職務満足（**第8章**を参照）によって動機づけられ、自らすばらしい仕事をするときもあれば、やる気をなくして言われたことしかやらないときもある。これは、機械と違って労働者が欲求や感情を持つ行動主体であり、こうした欲求や感情に労働の成果が大きく左右されることを示している。したがって、企業は作業環境や人間関係に対して十分に注意を払い、仕事を通して自己実現が達成されるよう、労働者を動機づけていくことが求められる。

　第3に、「賃金労働者」の側面における目的は「労働秩序の安定化」にある。労働者は、企業に対して労働力を提供し、その対価として賃金を受け取る。いわば、労働力が商品で、賃金が代金に相当するのである。このような枠組みで考えると、賃金の額は商品の価格となり、売り手の労働者はできる限り高い価格を希望し、買い手の企業は低い価格に抑えようとすることがわかる。その際、一般に需要と供給の関係で価格（賃金水準）が決定されるが、労働力という商品は提供者と一体化しているため、実際の賃金水準の決定要因はより複雑である（**第6章**を参照）。

　もし、こうした賃金水準が労働者にとって低いものであれば、不満を引き

起こし、労働者のモラールやモチベーションは低下する。さらに、賃金労働者は、経営者と対等の立場で自身の労働条件を交渉すべく、多くの場合「労働組合」を組織しているため、もし上記の労働者と同様に、労働組合にとっても納得することのできないような低い賃金水準であれば、ストライキやサボタージュ等の争議行為に入ることもある。したがって、賃金労働者の側面は、その集合体としての労働組合との関係もその対象に含むことになるため、労使関係はより複雑な構造となる。すなわち、労働者個人の不満と同時に、労働組合の不満も解消し、労働秩序を安定化することが、ここでの目的となるのである。

1.3 人的資源管理の主体

　前節で述べたような目的を達成するよう、人的資源を管理する主体は誰であろうか？　人的資源管理は、専門の人事スタッフが行うものと考える傾向があるが、それだけでは不十分である。人的資源管理は、経営者と専門の人事スタッフと職場の管理・監督者の3者が一体となって展開すべきなのである。

　経営者は、自身の経営理念に基づき人的資源管理の方針を定め、人事・労務管理制度の意思決定を行う。また、労働組合との団体交渉を行う。人事スタッフは、人事・労務管理制度を運用し、経営者や職場の管理・監督者に対して人的資源に関する有用な資料を提供するとともに、その意思決定を支援する。さらに、給与計算や職場外教育訓練（off JT）の企画・運営を担当する。

　しかしながら、人的資源管理の直接的な主体は、職場の管理・監督者である。職場の管理・監督者は、日常的に従業員を管理すると同時に支援すべく、仕事を教え（職場内教育訓練：OJT）、人事考課における評定を行う。また、しばしば従業員の相談に乗り、職場の人間関係に注意を払う。その際、管理・監督者は、職場の目標達成と集団維持の両面において十分なリーダーシップを発揮する必要がある（第8章を参照）。そういった意味で、職場の管理・

監督者が人的資源管理の中心的役割を担っているのである。

参考文献

[1.1] 大野高裕:「経営戦略」(尾関守編著『企業行動と経営工学』,中央経済社,pp.78-98, 1992)

[1.2] 奥林康司:変革期の人的資源管理,中央経済社,1995

[1.3] 尾関守,山下洋史:「総論」(尾関守監修『労務管理』,産能大学,pp.1-25, 1992)

[1.4] 所正文:日本企業の人的資源,白桃書房,1992)

第2章 人事情報管理

　人事情報は、文字通り「人事管理」（**第1章**を参照）のための情報であり、職務に関する情報と人的資源に関する情報によって構成される。前者には職務分析による職務記述書・職務明細書や職務評価が属し、後者には人事考課・職業適性検査・性格検査・履歴書等が含まれる。

　人事情報は、雇用管理・教育訓練管理・労働条件管理・賃金管理・労働意欲管理等、人事管理あるいは人的資源管理における多くの領域に貴重な資料を提供する役割を果たしており、広くは生産管理・販売管理・財務管理等、他の経営管理にも活用されている。近年のコンピュータおよびそのネットワークの急速な発達にともない、さらにその重要性は増大している。

　本章では、まず企業における情報化の流れを、人事情報システムの視点から検討する。その上で、人事情報管理の中で、それぞれ職務に関する情報と人的資源に関する情報の核となる職務分析と人事考課について解説していくことにする。

2.1 人事情報システム

　現代社会を「情報社会」あるいは「情報化社会」と呼ぶようになって久しいが、現在でも情報の社会的価値はとどまることなく急速に増大し続けている。なぜなら、情報は我々の合理的な行動のよりどころとなるため、自身が記憶あるいは所有している情報のみでは満足せず、他者からも積極的に多くの情報を収集しようとしているからである。その際、多くの情報を獲得し分析するためにICTを活用している。すなわち、情報を獲得する際にはインターネットに代表されるコンピュータ・ネットワークを利用し、それらの情

報を分析する際には、ユーザー・フレンドリーな各種アプリケーション・ソフトウェアを活用しているのである。

　企業でも、生産に関する情報や販売に関する情報、そして原価に関する情報や人事に関する情報は、膨大な量のファイルに蓄積され、企業活動における多くの目的に活用されている。これらの中で、人事に関する情報、すなわち人事情報は、すべての企業活動の基盤となっている。

　人事情報は、職務記述書・職務明細書・職務評価といった職務分析に関する情報、年齢・性別・学歴・所属部署・職位といった属性情報、基本給・諸手当・賞与といった給与情報、出勤・休暇・残業・欠勤・遅刻といった勤怠情報、職務遂行能力・態度および業績を評定した人事考課の情報、さらには性格検査の情報等により構成される。そして、これらの情報は時系列的に蓄積され、多くの場合ホスト・コンピュータあるいはサーバに人事データベースが形成されている。こうした人事情報は、人的資源管理をはじめとする広範な領域に活用されており、そのための情報システムは「人事情報システム」と呼ばれる。さらに、人事情報システムと他の情報システム（例えば生産管理システムや会計システム）をリンクさせた総合的な情報システムの開発が進められている。

　最近では、コンピュータの記憶装置や入出力装置の高性能化、そしてユーザーを強力にサポートするユーザー・フレンドリーな各種アプリケーション・ソフトウェアの開発により、人事情報システムに関してもエンド・ユーザー・コンピューティング（EUC）が進展している。その一方で、こうしたEUCの進展が皮肉にも個人情報の漏洩問題を引き起こす要因となっており、これまで以上に情報セキュリティの強化が求められている。

2.2　職務分析

（1）職務分析の目的と方法

　職務分析（job analysis）は、職務の内容・特性や、組織における各職務

間の関連性を明らかにするとともに、担当者に職務遂行上必要とされる諸条件を決定するために、従業員の担当している個々の職務の特性を分析することを意味する。その結果は、一般に後述の職務記述書と職務明細書にまとめられ、職務評価に活用される。さらに、職務分析は人的資源管理の多くの場面において、貴重な情報を提供する役割を果たしている。

　このように、職務分析の目的は多面的であり、尾関・山下[2.1]は、その目的を次のように分類している。

①採用管理のための基礎情報として活用する。
②職務評価や作業環境評価等の評価過程に活用する。
③適正配置（**第3章**で述べる「非適性配置」を含めて）のための基礎情報として活用する。
④職務分析により、職務を遂行するために必要な能力・スキルが明確になるため、これを教育訓練に活用する。
⑤人事考課において評定要素を選定する際の基礎情報として活用する。
⑥従業員一人一人の職業相談における基礎情報として活用する。

（2）職務記述書と職務明細書

　職務分析によって得られた情報は、職務記述書（job description）と職務明細書（job specification）に集約される。職務記述書には、職務の性格や特性が詳細に記載され、職務明細書はその活用目的ごとに整理された明細書の総称である。

　日本では、一般に職務分析をあまり重視しない企業も多いため、両者を区別せずに、本来は職務明細書に記載すべき情報の一部を、職務記述書の中に記載するだけで済ませることもある。

　職務記述書には、一般に下記のような項目が記載される[2.1]。

①職務確認事項：職務名・番号・所属部課名
②職務概要：職務の範囲・目的・内容等の概要

③遂行される仕事：職務の具体的目的・対象・方法等
④作業者の源泉：職務遂行上必要とされる経験や必要な訓練資料、他の職務との関連等

これに対して、職務明細書は、下記のような活用目的別に作成される明細書の総称を意味する。

①雇用明細書：採用・配置・昇進の管理に用いる。
②訓練用職務明細書：教育訓練に用いる。
③職務分類明細書：職務に必要な資格・責任・努力および作業環境をとりまとめた明細書であり、職務の分類に用いる。
④組織明細書：職務が組織の中で果たす機能と役割を明らかにした明細書であり、組織と職務の関係を把握する際に用いる。

(3) 職務評価

職務分析から得られた情報を、賃金管理、特に職務給(**第6章**を参照)に活用する場合、それぞれの職務を評価(evaluate)することが必要になる。その際に、職務分析と職務給の橋渡しをする役割を職務評価が果たす[2.1]。

職務評価は、各職務の価値を明らかにし、その結果は主として職務給を決定する目的で利用される。職務評価の方法は、総合的評価法と分析的評価法に分類され、前者には序列法と分類法が、また後者には点数法と条件比較法がある。

2.3　人事考課

(1) 人的資源管理における人事考課の位置づけ

高齢化・高学歴化や価値観の多様化といった環境の変化は、企業の人的資源管理にも、中高年層の増大・定年延長、さらには転職者の増加や昇進の停滞等の変化をもたらしている。これらの変化により、日本の組織では、その

一つの特徴として機能してきた従来の年功主義的管理を見直す必要に迫られている。

そこで、従業員一人一人の業績・能力や適性を把握し、それに見合った処遇（賃金や昇進・昇格）と人材開発・人材活用を進めることによって、能力主義へのシフトを図ろうとする方向に向かいつつある。その際、従来の年功型人事では学歴や年齢・勤続年数・資格等の「明確で当たり前の情報」に基づいていれば良かったが、能力主義の人事では「従業員の顕在的・潜在的能力」といった多面的で客観的測定の困難な特性を把握しなければならなくなる。このように、客観的測定が困難ではあるが、能力主義の人事において欠かすことのできない情報を提供する役割を果たすのが、人事考課である。

人事考課は、企業が要求する職務要件を通して、従業員の業績・態度・能力を定期的に測定（評定）し、それを人的資源管理のみならず、企業活動全般に活用することを目的としており、その意味から人事情報管理における一大情報源として位置づけられる。

本節では、こうした人事情報管理の核となる人事考課に関して、まずそれを設計するための考課方式と評定要素について述べ、次に人事考課の信頼性を低下させる要因となる評定者の評定傾向（バイアス）と、それを定量的に把握するための分析モデル（評定傾向分析モデル）について解説していくことにする。

（２）人事考課の設計

人間と人間との接触のあるところでは、常に何らかの意味での評価が行われている。しかしながら、こうしたインフォーマルな評価の多くは、思いつきと気まぐれによって主観的になされている。これに対して、人事考課における評定は、秩序的に、すなわち定められた目的に合うように、約束されたフォームに従い、定期的に実施されなければならない[2.2]。この点がインフォーマルな評価との違いであり、その意味から人事考課は、慎重で計画的な配慮のもとで設計され、詳細な分析を経て運用されなければならないので

ある。

　以下では、人事考課を設計する際の「考課方式」および「評定要素とそのウェイト」を概説していく。

（3）考課方式

　人事考課には、さまざまな方式（考課方式）が存在するが、それらの多くは基本的な方式の混合形態や変形が多く、基本的な方式は数種類に分類される。尾関[2.3]は、人事考課の基本的な方式を、「順位法」「人物比較法」「評定尺度法」「照合法」「多項目総合的考課法」「自己申告制」の6種類に分類しており、このうち自己申告制は、考課方式というよりも、評定者が誰か（自己）の違いを意味するため、実質的には下記の1）～5）の5種類に分類される。

1）順位法

　この方式は、最も簡単な考課方式であり、被評定者に序列（順位）をつける方式である。したがって、「被評定者A氏が1位で、D氏が2位、C氏が3位、B氏が4位」というように、被評定者間の相対的比較による順位づけそのものが評定となる。しかしながら、人事考課の本来あるべき姿は、被評定者と職務を比較し、職務の要求する水準をどの程度、満足しているかについて評定するところにあり、被評定者に序列をつけることが本来の目的ではない。

　このような相対的比較による考課方式の利用目的は、主として従業員の処遇に置かれており、適正配置や教育訓練には適していない。なぜなら、被評定者A氏がB氏よりも優れているという情報だけでは、被評定者の適性や教育訓練のニーズを把握することはできず、評定要素別に職務要件の達成度や努力・学習を把握することが求められるからである。

2）人物比較法

　人物比較法は、1917年にアメリカのカーネギー技術研究所で考案された考

課方式であり、被評定者の中から評定尺度上の基準となる者（基準人物）を評定要素ごとに選出し、その選出された被評定者を基準としてそれ以外の被評定者を評定する方式である。

　この方式は、順位法に対して、被評定者を評定する際の基準、すなわち職務の要求水準を表す基準人物が明確化された点において確実に改善されているが、その基準人物と他の被評定者との間の相対的比較によって評定を行うことは基本的に変わっておらず、程度の差こそあれ、順位法の問題点は解消されていない。

3）評定尺度法

　評定尺度法は、比較的簡単な考課方式であり、かつ順位法や人物比較法のような被評定者間の相対的比較を前提にした方式と異なり、職務遂行状態を表す評定尺度によって職務の要求水準と被評定者を対応づけることができるため、企業や公共機関に最も普及している考課方式である。

　この方式は、被評定者の業績・態度・能力を評定要素別の尺度上に位置づけていく方式であり、その際の評定尺度が連続か非連続かによって連続的尺度法と非連続的尺度法に分類される。連続的尺度法の利点は、ムリにいずれかの評定段階に被評定者をはめこまなくてすむところにある。しかしながら、このことは評定者に無限に微小な単位での価値判断を要求することを意味し、現実にはこうした価値判断は不可能であるため、かえって誤差を生じ易いとの見方から、非連続的尺度法が一般に採用される。

　さらに、非連続的尺度法は、評定段階の表示方法によって数字尺度法・アルファベット尺度法・評語法・行動見本法に分類される。数字尺度法とアルファベット尺度法は、評定段階の表示方法を、それぞれ1,2,3,4,5といった数字、A,B,C,D,Eといったアルファベットとした方式であり、これらが各評定段階の順序関係を示しているが、その基準（価値）は必ずしも明確ではない。評語法は、上記の数字やアルファベットのかわりに、「非常に優れている」「やや劣っている」「普通」等の評語を用いることによって、各評定段階の基準

を明確化しようとする方式である。しかしながら、同一の評語であっても、評定者間で必ずしもその解釈が一致するとは限らないところに、この方式の限界がある。

行動見本法は、各評定段階の基準として見本的な説明文を示すことにより、評定者間での解釈の不統一を避けようとする方式である。例えば、責任性（評定要素）の場合であれば、評語法の「非常に優れている」を、「職務の遂行のために最善を尽くし、途中であきらめることなく最後まで職務を完遂させる」というように、各評定段階に基準となる行動見本を示すことになる。これにより、各評定段階の解釈に関して評定者間に生じる差異を最小限に抑えることができるのである。

4）照合法

照合法は、被評定者の具体的な行動・態度を表す項目（行動見本項目：評定尺度法の行動見本法とは異なる点に注意を要する）について、それぞれ当てはまる項目をチェックするだけの考課方式であり、その代表的な方式にプロブスト式考課法とオッドウェイ式考課法がある。照合法では、他の考課方式と異なり、評定者が評点をつけることはしない。評定者によりチェックされた行動見本項目に対して、予め設定された配点（ウェイト）を与え、それを人事担当者が集計することにより、評点が算出される。

この方式の特徴は、行動見本項目をチェックするだけですむため、評定者にかかる負荷が小さい点にある[2.14]。さらに、このことが、評定者の評定傾向による影響を受けにくくしており、特に他の考課方式では避けにくいハロー効果のバイアスを最小限に抑えることができる。

照合法は、このように優れた特性を持った考課方式であるが、評定尺度法に比較してあまり普及していない。その要因として、山下[2.4]は下記のような設計の難しさを指摘している。

①他の考課方式の評定要素数に比較して、照合法の行動見本項目の数は大幅に増加するため、その選定に手間がかかる。

②被評定者の職務領域を網羅するように、行動見本項目を選定することが非常に難しい。
③総合評定に対する個々の行動見本項目の価値を、点数化することが難しい。

5）多項目総合的考課法

　人事考課では、評定尺度法に代表されるような評定要素別に、あるいは照合法に代表されるような行動見本項目別に、それぞれ分析的な評定が行われることが多い。しかしながら、このような分析的評定に、各評定要素あるいは各行動見本項目のウェイトをかけあわせる（積和をとる）ことによって、果たして被評定者の総合的な価値を再現することができるかという疑問が生じる。これは、複雑な社会現象や心理現象を線形モデルによって模写しうるか否かの議論に相当するものである。

　多項目総合的考課法は、こうした分析的評定の線形結合では、職務に対する被評定者の総合的な価値を判定することはできないという立場をとっている。そこで、分析的に評定するのではなく、被評定者を概括的に観察して、

①勤務状態に満足しているか
②もし、採用前から被評定者を知っていたならば、彼・彼女の雇用を推薦したか
③同様の職務の従業員の中で、被評定者はどれくらいの位置にランクされるか
④職務の要求水準に対して、どの程度の実績を示しているか

等の視点から評定する考課方式が、多項目総合的考課法である。したがって、職務に対する被評定者の総合的な価値を、複数の視点（上司の期待や職務要件、被評定者間の相対的比較等）から評定することになる。しかしながら、多項目総合的考課法は、被評定者を概括的に評定する考課方式であるため、被評定者の優れた面と劣った面を評定要素別に把握することができないとい

う決定的な問題点を有している。

6）自己申告制

人事考課制度は、一般に上司が直属の部下を評定するということを前提にしているが、従業員が自分自身を評定する「自己評定」にその一部を委ねる、または併用するという運用形態をとることもあり、これは「自己申告制」と呼ばれる。自己申告制は、部下にとって自己統制（セルフ・コントロール）の意識を高める制度として、一方で上司にとっては部下が自分自身の職務遂行状態をどのように考えているかを知る機会を与える制度として、高く評価される。また、被評定者を最もよく知っている者（自分自身）が評定するため、上司が見落としている点がないかどうかをチェックする上でも有効性を発揮する。さらに、上司による評定と自己評定の結果、とりわけ両者の乖離の要因について話し合い、被評定者に要求される職務水準を再確認し合う機会ともなりうる。

このように優れた特性を持つ自己申告制ではあるが、その基盤となる自己評定には、他人評定とは異なる特有の心理的バイアスが介入するといわれており、その信頼性について疑問視されることも多い[2.15]。したがって、自己申告制を導入する際には、上司と部下との間で、十分な信頼関係が成立し、かつ部下に期待する職務の内容とレベルの確認が確実に行われていることが必須条件となる[2.4]。

（4）評定要素とそのウェイト

企業に最も普及している考課方式は、前述のように、被評定者を複数の評定要素により分析的に捉える評定尺度法である。すなわち、被評定者を分析的に捉えようとする特性を「評定要素」として選定し、それ（評定要素）に従って評定するのである。その上で、こうした評定要素別評定（要素評定）に、予め設定された評定要素のウェイトをかけあわせること（積和）によって、職務に対する被評定者の全体的な価値を判定することになる。

このような分析的アプローチによる人事考課を設計していく場合、以下の2点を決めておく必要がある。

①どのような評定要素を選定し、
②それぞれの要素に対してどのような重みをかけるか

これらは、従業員の価値をどのような側面から捉え（評定要素の選定）、その結果を人的資源管理に活用する際に、上記の各側面をどれくらい重視するか（評定要素に対するウェイトの決定）という人事考課設計上の課題を意味する。以下では、こうした「評定要素の選定」と「評定要素に対するウェイトの決定」の課題を検討していくことにする。

1）評定要素の選定

人事考課において、評定要素を選定する際、それぞれの評定要素が職務の全体的な価値構造に対応し、それらが立体的に組み合わさることにより、全体的な価値の体系が再現されなければならない[2.2]。すなわち、評定要素ごとの分析的な評定を行うことで、「木を見て森を見ず」になったのでは意味がないのである。

そのための基準として、山下[2.5]は下記のような網羅性・独立性・重要性を指摘している。

①従業員の職務領域全体を網羅するように、評定要素を選定する（**網羅性**）。
②各評定要素によって捉える職務領域が重なり合わないように、評定要素を選定する（**独立性**）。
③職務を遂行する上で重要な評定要素を選定する（**重要性**）。

上記の①網羅性と②独立性は、トレードオフの関係にあることに注意を要する。すなわち、職務領域全体を網羅するために評定要素数を多くすると、どうしても評定要素間の独立性が低下し、逆にそれぞれの評定要素の領域が重なり合わないようにするために評定要素数を少なくすると、網羅性が低下

してしまうのである。

また、重要性の高い評定要素間で重なりが大きくなり、独立な評定要素を選定しようとすると重要性の低い評定要素を選定してしまうといった、②独立性と③重要性の間にもトレードオフが生じる。

したがって、評定要素を選定する際には、上記の網羅性・独立性・重要性について十分に吟味し、これらの最適なバランスを図ることが求められる。

2）評定要素に対するウェイトの決定

人事考課は、昇進・昇格・昇給・賞与・配置・教育訓練等、人事管理の幅広い目的に活用される。さらには、人事管理のみならず、広く経営管理全般の一大情報源として活用されている。その意味から、人事考課において評定要素ごとに得られる情報（要素評定）を有効に活用するためには、評定要素と考課目的とを有機的に結びつけることが求められる。これは、「目的別人事考課」（森[2.6]）あるいは「人事考課の合目的性」（岸[2.7]）と呼ばれ、各評定要素に対してどのようなウェイトを設定するかの問題として位置づけられる。

こうした評定要素に対するウェイトの問題は、これまで考課目的別の定性的な記述と、定量的なウェイトの推定という両面からのアプローチが試みられてきた。前者（定性的アプローチ）は、職務遂行上の経験則に基づき、「考課目的別に、どの評定要素を重視すべきか」を定性的に明らかにしようとするアプローチ[2.8]である。一方、後者（定量的アプローチ）は、「評定者が、総合評定を行う際に各評定要素をどの程度、重視しているか」という視点から、要素評定と総合評定の関係を模写するレイティング・モデル[2.9]を構築することによりウェイトを定量的に推定しようとするアプローチである。すなわち、「総合評定は要素評定の加重平均によって記述される」という仮定のもとに、要素評定とそのウェイトの積和により総合評定を模写するレイティング・モデルを構築し、各ウェイトの最小二乗解を推定するのである。

（5）評定の信頼性と評定者の評定傾向によるバイアス

　人事考課では、人間が人間を評定するが故に、さまざまな心理的バイアスが介入するといわれる。こうしたバイアスは、評定者の情報不足や不完全な尺度値の把握、そして顕在意識と潜在意識の不一致等から生じ、人事考課の信頼性を低下させる要因となる。さらに、これらの要因に加えて、被評定者に対する温情・利害関係や被評定者からの非難の回避といった人間関係特有の要因が介入し、この問題を複雑化している。

　一般に、人事考課における評定の信頼性は次の二面を有するとされる[2.10]。

①同一の被評定者を評定すれば、誰が評定しても同じ結果が得られるという意味での「**客観性**」
②被評定者に変化がない限り、何度評定しても同じ結果が得られるという意味での「**恒常性**」

　しかしながら、②の恒常性における「被評定者に変化がない限り」という前提条件は、日々の職務を通じて常に成長（変化）することが被評定者（従業員）のあるべき姿であるため、それに反する前提条件であり、ここで焦点を当てるべき評定の信頼性は、①客観性の問題に帰着する。一方で、評定の客観性については、同一の被評定者を評定しても、評定者によって異なった評定をしてしまう、すなわち評定者間での個人差が生じることが多いため、十分な検討が必要である。上記の個人差は、評定の際の心理的バイアスに起因する「評定者の評定傾向」[2.11]の問題として位置づけられる。

　こうした評定者の評定傾向は、上で述べたように人事考課の信頼性を低下させる要因となる。代表的な評定傾向としては、「寛大化傾向」「中央化傾向」「ハロー効果」が指摘されている。

1）寛大化傾向

　これは、評定者が被評定者全体（一部の被評定者のみではない）を、実際よりも高い方向に評定してしまう評定傾向であり、「寛容性傾向」とも呼ば

れる。寛大化傾向は、被評定者間の差別化を回避しようとする心理的バイアスから生じ、その結果として評定者の弁別力を低下させることになる。

2）中央化傾向

　これは、評定者が被評定者に対する極端な評定を回避し、評定尺度上の中位点の付近に評定を集中させてしまう傾向であり、「中心化傾向」とも呼ばれる。中央化傾向も、寛大化傾向と同様に評定者の弁別力を低下させてしまう。

3）厳格化傾向

　これは、評定者が被評定者を、実際よりも低く評定してしまう傾向であり、「酷評化傾向」とも呼ばれる。寛大化傾向と逆の位置に評定が集中するため「負の寛大化傾向」として位置づけることもでき、寛大化傾向や中央化傾向と同様に評定者の弁別力を低下させることになる。

4）ハロー効果

　これは、評定者が、被評定者の多面的な特性（業績・態度・能力）を的確に捉えることができずに、全般的に優れている、あるいは劣っていると判断してしまう傾向である。したがって、同一被評定者の評定要素間での評定の分散（バラツキ）が小さくなるという特徴を持つ。

　ニスベット & ウィルソン[2.12]は、ハロー効果に関して、それぞれ発生メカニズムの異なる2つのタイプを指摘している[2.13]。その1つは、被評定者に対する全般的印象（general impression）が、個々の側面についての知覚や評定そのものを変容させ歪曲させてしまうという「強いハロー効果」であり、もう1つは、上記の全般的印象が、あいまいな知覚的手掛かりの翻訳や欠如している情報の推測に一定の方向性を与えるという「弱いハロー効果」である。さらに、ニスベット & ウィルソン[2.12]によれば、強いハロー効果の存在は実験によってのみ例証可能であり、日常的場面では弱いハロー効果が一般的であるとされる。

2.4 評定傾向分析モデル

　人事考課によって得られる評定データには、被評定者の特性値と評定者の特性値という2種類の重要な情報が含まれている。そこで、評定データから、これら2種類の情報を抽出するためには、何らかの方法で評定データをふるいにかけて分解しなければならない。

　まず、評定は本来、何によって決まるべきであるかを考えてみると、被評定者の業績・態度・能力によって決まるべきであることがわかる。すなわち、評定者が誰であるかではなく、被評定者が誰であるかによって決まるべきなのである。しかしながら、実際には多くの場合、評定者によって異なった評定をしてしまい、そこには評定者間の個人差が生じる。

　ここで、評定者iが被評定者kに対して評定要素jについての評定x_{ijk}を行ったとしよう。このとき、被評定者kが評定要素jについてc_{jk}の能力（被評定者の特性値）を有しているとすると、評定者iの評定傾向を、(2.1)式における写像f_iとして位置づけることができる[2.11]。

$$x_{ijk} = f_i(c_{jk}) \tag{2.1}$$

　次に、上記の評定データx_{ijk}から、被評定者の特性値と評定者の特性値を分解して抽出するためには、(2.1)式における評定者別の写像f_iの結合則を特定する必要がある。こうした評定傾向の問題は、従来より「評定者の甘さ・辛さ」と「評定のバラツキの大きさ」の二面から捉えられており、これらの組合せによって寛大化傾向・中央化傾向・厳格化傾向等の評定傾向が指摘されている。

　そこで、上記の写像f_i（評定者iの評定傾向）を、これらの二面から定式化するとすれば、(2.1)式に対して評定者の甘さ・辛さを表すパラメータa_iと、評定のバラツキの大きさを表すパラメータb_iを導入することにより、(2.2)式のように表すことができる。すなわち、被評定者の特性値をc_{jk}として、

また評定者の特性値を a_i および b_i として、それぞれ位置づけるのである[2.11]。

$$x_{ijk} = f_i(c_{jk}) = a_i + b_i \cdot c_{jk} + e_{ijk} \tag{2.2}$$

ただし、e_{ijk}：残差

(2.2)式は、評定データの構造を、3つの相（mode；評定者i相，評定要素j相，被評定者k相）に注目して記述したモデルであり、これにより評定が被評定者kによって決まる本来的な特性と、評定者iによって影響されるバイアス的な特性（評定傾向）を分解して把握することができる。

このモデルにおける課題は、評定データ x_{ijk} が与えられたときに、被評定者の特性値を表すパラメータ（c_{jk}）と評定者の特性値を表すパラメータ（a_i と b_i）をいかにして推定するかにあるが、c_{jk} と b_i は互いに分離可能[2.16]でないため、単純に最小二乗解を導出することはできない。したがって、これらのパラメータを推定するためには、交互最小二乗推定法[2.16]あるいは二段階の最小二乗推定法を導入する必要がある（これに関して、詳しくは山下[2.11]を参照されたい）。

こうして推定した評定者の特性値を表すパラメータ a_i と b_i を、図2.1のように平面布置することにより、評定者の評定傾向を視覚的に捉えることができる。例えば、rater-A は評定が辛くかつバラツキが小さい（評定が集中している）ため「厳格化傾向」の可能性が高く、rater-C と rater-F は a_i に関して中位であるがバラツキが小さいため「中央化傾向」の可能性が高い。さらに、rater-H は rater-A と反対に評定が甘く、バラツキが小さいため「寛大化傾向」の可能性が高いということがわかるのである。

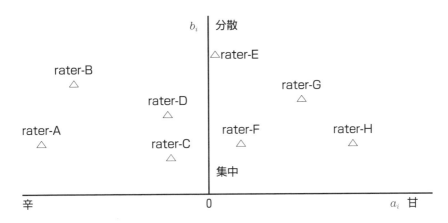

図2.1　評定傾向を表すパラメータa_iとb_iの平面布置

参考文献

[2.1] 尾関守，山下洋史：「職務・人事情報」（尾関守監修『労務管理』，産能大学，1992）

[2.2] 藤田忠：人事考課と労務管理，白桃書房，1977

[2.3] 尾関守：管理者のための人事・労務，日本マンパワー，1964

[2.4] 山下洋史：人的資源管理の理論と実際，東京経済情報出版，1996

[2.5] 山下洋史："人事考課における管理サイクルの二面性"，日本経営システム学会誌，Vol.9, No.1, pp.22-27、1992

[2.6] 森五郎：人事・労務管理の知識，日本経済新聞社，1968

[2.7] 岸恒男：労務管理の着眼点，同文舘，1974

[2.8] 尾関守：人事考課のすすめ，西北社，1964

[2.9] 山下洋史,尾関守："最適尺度変換を用いたレイティング・モデルに関する研究"，日本経営工学会誌，Vol.40, No.2, pp.97-101, 1989

[2.10] 安藤端夫：人事考課，河出書房，1948

[2.11] 山下洋史："人的情報システムにおける評定傾向分析モデルの研究"，早稲田大学博士（工学）学位論文，1992

[2.12] Nisbett, R.E. and Wilson, T.D.: "Telling More Than We Can Know: Verbal Reports on Mental Process," *Psychological Review*, Vol.84, pp.231-259, 1977

[2.13] 境忠宏:"人事評価における行動情報の処理過程", 横浜経営研究, Vol.Ⅵ, pp.75-92, 1985

[2.14] 山下洋史:"照合法の有効性に関する一考察", 経営労働学会報, No.7, pp.5-6, 1989

[2.15] 山下洋史, 尾関守:"自己評定と他人評定の差異の分析モデル", 日本経営工学会誌, Vol.41, No.4, pp.270-274, 1990

[2.16] 高根芳雄:"心理学における非計量データの解析", 東京大学博士論文, 1976

第3章 雇用管理

　雇用管理（employment management）は、従業員の採用から退職に至る一連のプロセスの管理であり、「採用管理」「配置管理」「昇進・昇格管理」「退職管理」によって構成される。その意味から、人的資源管理の起点となる管理である[3.1]。

　近年は、日本の人的資源管理を取り巻く社会的・経済的な環境が大きく変化しており、バブル経済崩壊後の減量経営と従業員の高学歴化による役職のポスト不足は、昇進の停滞という深刻な問題を生じさせている。また、日本社会全体での高齢化が進展する中、「定年延長」は人的資源管理における喫緊の課題である。一方で、選択定年制によって、早めに第2の人生を歩むための道を開くことも注目されている。

　本章では、このように多様化する雇用管理の実状をふまえながら、「採用管理」「配置管理」「昇進・昇格管理」「退職管理」の課題について検討していくことにする。

3.1 採用管理とスクリーニング仮説・シグナリング理論

（1）採用管理の量的側面と質的側面

　採用管理は、企業にとって「どのような人材が必要か」という採用ポリシーと、「こうした人材がどれだけ必要であるか」という人員数を、企業全体・部門別・職種別に確定するとともに、こうした要員計画に従い、人的資源を募集し、選考し、採用するための管理である。

　したがって、採用管理は、以下のような両面の性格を有している。

①何人の従業員を採用するか？　→　量的側面
②それぞれの職務には、どのような能力・適性を持った人的資源を採用することが必要であるか？　→　質的側面

しかしながら、日本における従来の採用管理には、①の量的側面に比較して②の質的側面が軽視される傾向があった。こうした採用管理は、ある職務に限定した専門的適性よりも、ジョブ・ローテーションを繰り返しながら多くの職務をこなすことのできるジェネラリストを育成していこうとする人材育成の方向性に起因している。日本では、特定の職務のみに高い専門能力を発揮する人材に対して、「すばらしいスペシャリスト」という評価よりも「それしかできない人間」という評価がなされ易い。そこで、職務を特定せずに、社風に合いそうな新規学卒者を、決められた人数だけ一括採用するのである。このことが、「就職」というよりも「就社」といわれる由縁でもある[3.1]。

しかしながら、技術革新がかつてないスピードで進展し、企業の内部では経営多角化によりこれまで蓄積のなかった技術が必要とされる現在の状況下では、スペシャリストの採用および育成が急務となっている。その意味から、日本企業では、これまでのジェネラリスト育成による利点を維持しながら、今後はスペシャリスト育成のための取り組みについても求められるようになろう。

（2）要員計画

採用管理は「要員計画」に従って、人的資源を募集し、選考し、採用するための管理であり、その意味において要員計画が採用管理の基盤となる。

要員計画は、職務分析（積み上げ方式）と賃金支払能力（総枠方式）の両面から規定されることになる。積み上げ方式は、職務分析を基に、職務ごとに必要とされる人材の資格要件と人員数を係→課→部→事業所の順に積み上げて適正な人員を算定する方式であり、一方の総枠方式は、企業全体としての売上高から、まず賃金支払能力を算定し、これを1人当たりの平均賃金で

割ることにより、総人員数を明らかにする方式である。

ただし、総枠方式では、現在の売上高や平均賃金を用いるのではなく、将来の売上高や平均賃金の予測値を用いるべきであることに注意を要する。さらに、こうした売上高や平均賃金の予測には、消費者物価指数・産業全体の賃金上昇率・労働力需給バランス等、マクロ指標の動向についても考慮する必要がある。

要員計画を作成する際、積み上げ方式は、現状の職務分析を前提に必要人員を積み上げていくため、従来の延長線上の総人員数になってしまい易いという問題点があり、総枠方式も、企業全体としての賃金支払能力から出発しているために、個々の職務内容を考慮しておらず、職場の実状とギャップが生じ易いという問題点がある。そのため、総枠方式よりも積み上げ方式によって算出される人員数の方が多くなることが多い。

そこで、こうしたギャップが生じた場合には、両方式により算定された人員数を互いに修正していくことになるが、すべての企業活動を円滑に進めるために十分な人員数を抱えても、それにより人件費が嵩んで赤字に転落してしまっては本末転倒であり、最終的には総枠方式を優先すべきであろう。

（3）スクリーニング仮説とシグナリング理論

企業は、労働市場から人的資源を調達（採用）する際、なるべくコストのかからない方法で、人的資源に関する信頼性の高い情報を得ようとする[3.2]。そのために、企業は面接を行ったり、学力テストや職業適性検査・性格検査を行ったりする。しかしながら、これらはすべて短時間の間に行われるものであるため、人間の多面的で複雑な能力を簡単には把握できない。もし、長い時間をかけてこれを行おうとすれば、コストがかかりすぎてしまう。

そこで、企業や公共機関は、採用の際になるべくコストをかけずに比較的信頼性の高い情報を学校教育から得ようとする。これは、一般的にいわれる「学歴」に相当する。こうした点に注目した仮説・理論が、スクリーニング仮説とシグナリング理論である。すなわち、教育が「人間の能力を高める」

という本来の目的に加えて、自身の能力に関するシグナルを社会に発信する（シグナリング理論）ことで、社会における選別機能（スクリーニング仮説）を発揮すると同時に、その分だけ多くの教育投資がなされると考えるのである。

　スクリーニングおよびシグナリングと呼ばれる行動の研究は、経済学の分野において、アカロフ[3.2]の「レモン（中古車）の市場」に関する研究を端緒として発展してきた。そこでは、情報優位にある売り手と情報劣位にある買い手の間における均衡状態の性質について分析され、質の良い財が割安に取引されることによる売り手にとってのコスト、あるいは質の悪い財が割高に取引されることによる買い手にとってのコストが発生する「逆選択」の状況が指摘されている。その際、コストを回避したい売り手がとる行動が、シグナリングであり、これは信憑性のある行動によって、財の持つ質の高さを買い手にアピールしようとする行動である[3.3]。労働市場、すなわち労働力を取引する市場では、こうした信憑性のある行動の1つが、高い学歴の取得となるのである。

　一方で、上記のコストを回避したい買い手がとる行動がスクリーニングであり、これは、情報優位にある者が情報劣位にある者に対して発信したシグナル（学歴）を基に、情報劣位の者が情報優位の者を選別する行動として位置づけられる。労働市場において生じるスクリーニング行動の1つが、求職者に対する高い学歴の要求であろう。このように、シグナリングとスクリーニングはともに、売り手と買い手の間にある情報の非対称性を緩和し、労働市場全体で生じるコストを低減させる効果を発揮する[3.3]。

　スクリーニング仮説とシグナリング理論が表す重要な示唆は、学校教育が上記の選別機能を持つことにより、人間の能力を高めるという本来の目的にとって必要な水準以上に教育投資がなされることであり、これは、能力の高い者がそのシグナルを企業に発信するために教育費用を余分に負担していることを意味する[3.4]。

　日本では、一般に学歴重視の傾向が強いため、スクリーニング仮説やシグ

ナリング理論が妥当性を持つように思われる。さらに、採用に関していえば、高校卒や大学卒という面での学歴のみならず、場合によるとそれ以上に、どこの大学かという面での学歴がスクリーニング機能とシグナリング機能を果たしている。そこで、多くの受験生は、より社会的評価の高い大学に入学しようと思って激しい競争を行う。そのために、塾・予備校・家庭教師に多額の教育費をかけ、結果として教育費用を余分に負担するのである。また、何を学ぶかよりも、どこの大学に入るかが優先されることになる。

3.2 配置管理

(1) 適正配置と非適性配置

配置管理は、職務と人的資源との間に「合理的な結びつき」を構築するための管理である。ここでいう「合理的な結びつき」には、下記のように2つの側面がある。

その1つは、職務の資格要件と人的資源の適性を結びつける、いわゆる適材適所の配置である。これは、一般に「適性配置」と呼ばれ、配置管理の基本となる考え方である。適性配置を行うために必要な職務の情報については職務分析によって、また人的資源の情報については適性検査や人事考課・職務経歴書によって、それぞれ得ることになる。

もう1つは、人的資源の適性には合致しないような職務にあえて配置するものであり、山下[3.5]はこれを「非適性配置」（より正確には「未来志向的非適性配置」）と呼んでいる。実際に、日本企業ではこのような配置が頻繁に行われており、その多くは「ジョブ・ローテーション」と呼ばれる配置である。日本企業では、前述のようにジェネラリストの育成が重視されるため、こうしたジョブ・ローテーションの果たす役割は大きい。

これまで、「適正配置」≒「適性配置」という枠組みで捉えられてきた（ただし、「適正」配置の中に非適性配置も含まれるのかもしれないが、筆者が見る限りではほとんどの文献において、適正配置は人的資源の適性に合わせ

た配置、すなわち適性配置を指している）が、本書ではこうした適性配置のみならず非適性配置についても、下記の理由から注目したい。

　①従業員にとっては、不得意分野の克服の可能性が高まる。
　②企業にとっては、環境の変化にともなう要員計画の変更の際の人的資源の選択枝が広がる。
　③担当者が出張・会議・休暇で不在のときのリカバリーが容易になる。
　④幅広い職務を経験することにより、権限委譲を行っても局所最適化（38頁を参照）の行動に陥りにくくなる。

（2）配置転換の目的

　配置転換は、一般に人事異動（「人事移動」ではない点に注意を要する）と呼ばれ、下記のような目的が存在する。

1）教育・キャリア開発のための配置転換

　一般的にジョブ・ローテーションと呼ばれる。

2）企業環境の変化に企業が対応するための配置転換

　経営多角化・減量経営・技術革新や外作化・内作化等の変化にともない、従来の業務が縮小したり、新規の業務が発生したりすることに対して、柔軟に対応するための配置転換である。

3）退職および昇進による欠員の補充のための配置転換

　退職者あるいは昇進者がこれまで担当していた職務を引き継ぐための配置転換である。

4）不正防止のための配置転換

　長期間にわたって同一職務を担当していると、収賄や横領のような不正を起こし易い職務の場合、それを未然に防ぐために配置転換を行う。公的機関ではこうした配置転換が頻繁に行われる。

5）地理的・時間的な負荷の長期化を防止するための配置転換

単身赴任・海外勤務や深夜勤務等、従業員とその家族に大きな負担がかかるような職務を長い期間にわたって担当しないようにするための配置転換である。

3.3　昇進・昇格管理と内部昇進制モデル

（1）昇進・昇格管理

「昇進」とは、現在の役職よりも上位の役職に上昇すること、すなわち「役職の上昇」を意味し、多くの場合、一般→係長→課長→部長の順で昇進する。これに対して、「昇格」は「資格の上昇」を意味し、一般に役職と対応した資格の序列を形成している。例えば、主事が係長に相当し、参事が課長に、主幹が部長に相当するといった序列の対応関係である。昇進や昇格は、責任・権限の強化と担当領域の拡大、そして賃金の上昇をともなうため、従業員の職務意欲を高める役割を果たす。後述の「内部昇進制モデル」によれば、従業員はより高いランクに昇進するための学習・努力を長期的に継続していくとされ、青木[3.6]はこうしたインセンティブを「ランク・ヒエラルキーによるインセンティブ」と呼んでいる。

日本の昇進・昇格管理は、年功基準のウェイトが高いところに特徴があり、ピラミッド型の人員構成の中でこうした年功型の昇進を維持するためには、組織は常に拡大していかなければならない。高度成長期には、実際に組織が拡大し続けていたが、オイルショック以降の低成長期になると組織の規模は停滞し新規のポストが期待できなくなるばかりか、バブル経済が崩壊してからは組織がシュリンクし、既存のポストであっても消滅してしまうかもしれない状況になっている。これとは反対に、高学歴化により昇進を期待する従業員が増加しているため、昇進のためのポスト不足は深刻化している。

それにともない、日本企業では当初、

①組織の単位を細分化する
②課長補佐、次長等の補佐的管理職を増設する

といった対応により、昇進のためのポストを確保してきたが、その結果として管理職の肥大化を招いてしまった[3.6]。これにより、組織の指揮系統が複雑になり、責任の所在が不明確になるという弊害が生じたのである。

そこで、日本の組織では、こうしたポスト不足の状況に対応するために、昇進から昇格へのシフトが進められている。すなわち、資格を上昇させることで役職の上昇の代わりにしようとするのである。その背景には、昇進は「組織の論理」[3.7]に従わなければならないのに対して、昇格は「人間の論理」[3.7]に従うという論理の違いが存在する。

昇進における組織の論理は、組織が必要とする役職数によってのみ昇進者数が決まり、昇進をさせるための目的でポストを増設させてはならないことを意味する。一方、昇格における人間の論理は、従業員の業績・能力・努力や年齢・勤続年数といった昇格の基準を満足していれば、それが何人であっても昇格させるべきであり、昇格の定員を設定すべきでないこと（定員なしの原則[3.7]）を意味する。したがって、従業員の努力から生み出されたパフォーマンスの向上に対して、昇格は必ずそれに報いるようにすべきである。

企業によっては、昇格に定員を設定しているが、これでは昇進の際の「ポスト」と同様で、業績・能力が基準を満足していても空きがなければ昇格させないことになってしまう。ポスト不足の状況に置かれた現在の日本企業では、昇進における組織の論理では充足させることのできない「ランク・ヒエラルキーによるインセンティブ」を、昇格における人間の論理により充足させていくのである。

昇進・昇格の判定要素は、企業によって異なるが、ほとんどの企業で用いられている情報（判定要素）が、**第2章**で述べた人事考課である。人事考課は、候補者が昇進させようとする役職に必要な能力を有しているか、また昇格の場合、企業に対して十分な貢献をしているかに関して、最大の情報源と

なるのである。

　ただし、昇進・昇格にとって人事考課は最大の情報源であるが、人事考課にとって昇進・昇格は昇給・賞与や適正配置・教育訓練等と同様に活用目的の1つにすぎないことに注意を要する。一方で、人事考課以外の判定要素には、面接や筆記試験・論文等があり、昇格に限定すると技能検査を実施する企業もある。

　以上のように、昇進管理（組織の論理）と昇格管理（人間の論理）は異なる論理に支えられており、近年はその軸足が昇格に移りつつある。それにともない、昇格はしても昇進はしない「ねじれ現象」[3.1]が問題視されるようになった。しかしながら、昇進が組織の論理に従い、昇格が人間の論理に従うという異なる論理自体、当初からこうした「ねじれ現象」が発生することを前提としているはずであり、本来このことは問題視すべきではない現象である。それでも、昇格がインセンティブとして機能しないほど、ねじれ現象が頻発する場合には、それを無視することもできない。その際は、下記のような2つの対応方法が考えられる。

①従業員の価値観の多様化にともない、もし昇格により昇進と同等の序列と賃金が得られるのであれば、部門長としての部門間でのやっかいな調整をするよりも、専門職として自身の職務に専念することを望む人も増加している。このように、昇進でなく昇格を希望する従業員については、本人の希望に合わせて昇格のみにすることにより、昇進を希望する人に対してポストを少しでも多く確保する。

②これはドラスティックな変化を生じさせることになるが、ねじれ現象は組織に多くの階層が存在することで発生する問題であることをふまえ、組織をフラット化する方法である。そうすれば、基本的に昇格しかありえないため、ねじれ現象は問題とはならない。

(2) 日本の半水平的組織構造と昇進・昇格

　日本の組織は、環境の変化やトラブルに対して迅速かつ柔軟に（アジルに）対応するといわれているが、こうした組織特性を支えているのは、実行部門への権限委譲による分権的な業務プロセス（水平的コーディネーション）であろう。しかしながら、一般に実行部門への権限委譲は、その部門にとっての局所最適化の行動を生じさせてしまい易い。そうであるとすれば、日本の組織においてこうした局所最適化を何が防止しているのであろうか？

　青木[3.6]によれば、それは、従業員がより高いランクへの昇進・昇格をめざして長期的に激しく競争するという「ランク・ヒエラルキーによるインセンティブ制度」であるとされる。これにより、従業員は自身の能力を高めるために長期にわたって学習を継続し、しかもジョブ・ローテーションに対して柔軟に対応するよう、多くの分野について幅広く学習を行うことになる。すなわち、昇進（あるいは昇格）にとって有利になるように（不利にならないようにといった方が良いかもしれない）、ジョブ・ローテーションのたびに新しい職務に素早く対応するための学習を行っていくことで、局所最適化の行動を防止しているのである。こうしたローテーションを繰り返していくうちに、幅広い分野の学習を展開していくことになる。

　また、より高い役職に就くためには経営参加的な観点からの問題解決が求められるため、そのための学習も行うことになる。これらの結果として、専門的学習のみならず「幅広い参加的学習」[3.8]-[3.11]が展開される。

　このように、日本の組織では、米国の組織で一般的な「専門的学習」に加え、局所最適化の行動を防止する「幅広い参加的学習」にも「注意の配分」を行うところに特徴があり、こうした学習の二面性（専門的学習と幅広い参加的学習）が組織活性化に大きな役割を果たしている。さらに、上記の局所最適化の防止と組織活性化が、水平的なコーディネーションを基盤とした分権的な業務プロセスを可能にしており、それらを支える昇進・昇格管理は日本の組織にとって非常に重要である[3.12]。

　ここで注意すべきことは、上記のランク・ヒエラルキーによるインセンテ

ィブ制度が、形式的には多くの階層を持った垂直的内部組織構造を必要とすることである。すなわち、日本の組織が水平的コーディネーションによって環境の変化やトラブルに対して迅速かつ柔軟に（アジルに）対応するための基盤となるランク・ヒエラルキーによるインセンティブ制度が、皮肉なことに、形式的には垂直的内部組織構造に支えられているという矛盾を有しているのである。その結果として、日本の組織では、水平的組織構造と垂直的組織構造が「同居」することになる。こうした同居が、山下[3.5]の指摘する「半水平的組織構造」であり、日本の組織における1つの特徴ともなっている。

　これに対して、1990年代に脚光を浴びたリエンジニアリング（BPR；Business Process Reengineering）のめざす組織は、階層数が少ないフラットな組織であり、業務遂行面では水平的コーディネーションを基盤とした日本の組織特性に近いが、形式的な内部組織構造の面では明らかに異なる。なぜなら、日本においてBPRのめざす組織のように階層数を少なくすることは、従業員にとってランク・ヒエラルキーによるインセンティブが不足する事態を招いてしまうからである。もし、組織の階層数を少なくしたとすれば、役職の絶対数が不足するだけでなく、昇進の回数も少なくなってしまうのである。それでは、日本の形式的な内部組織構造をフラット化することは不可能なのであろうか？

　山下[3.5]は、「昇進から昇格へのシフト」がそれを可能にすることを指摘している。昇進は役職の上昇であるため、多階層の組織構造を必要とするが、昇格は資格の上昇であるため、それを必ずしも必要としない。すなわち、フラットな組織でも昇格は可能であり、昇進ほど強くはないとしても、ある程度はインセンティブとして機能するのである。組織が拡大を続けた高度成長期には昇進に必要なポストを十分に確保することができたが、現在は昇進に必要なポストを確保することが困難な状況にあるため、多くの企業で昇進から昇格へのシフトを進めていることをふまえると、昇格による組織のフラット化は、日本企業における今後の昇進・昇格管理を示唆しているように思わ

れる。

　その際に、「ねじれ現象」が問題視されるかもしれないが、前述のように、これは組織に多くの階層が存在することにより発生する問題であり、フラット化した組織であれば、当初から昇格しかありえないため問題とはならない。こうした文脈で考えると、ねじれ現象への対応という面からも、組織のフラット化による「昇進から昇格へのシフト」が有効性を発揮する可能性を秘めていることが理解されよう。

（3）内部昇進制モデル

　すべての企業にとって、いかにして従業員の労働意欲を高めるかは、永遠の課題であろう。こうした課題に対して、日本企業ではランク・ヒエラルキーによるインセンティブが機能していることは前述の通りであるが、スカウティングあるいはヘッド・ハンティングにより転職が頻繁に行われる米国企業と比較すると、これが転職を抑制する役割を果たしていることがわかる。そのため、ランク・ヒエラルキーによるインセンティブは、企業内部に長期的に留まっている者を昇進の際に重視するという視点で捉えた場合、下記のような「内部昇進制モデル」の中核に位置づけられる。

　内部昇進制モデルでは、企業が従業員の働きぶりを観察することで、生産性を間接的に評価し、より生産性の高い者を昇進させることによって、従業員のモラールが高まり、多くの努力が引き出されるとされる[3.2]。このモデルによれば、従業員は少しでも昇進の時期を早めるために、継続的な学習を展開し、自身のパフォーマンスを高めるよう努力するとされる。その際、昇進による賃金の上昇速度が大きいと、努力の価値がより高まることになる。

　日本企業では、上記のようなメカニズムにより、若年労働者には限界生産性よりも低い賃金を、また中高年労働者には限界生産性よりも高い賃金を支払うため、必然的に年功型の賃金になる[3.2]。また、これにより労働者は企業内部に長く留まるようになり、いわゆる「終身雇用制」が形成される。それと同時に、労働者は外部の労働市場から遮断されるようになり、「内部

労働市場」が形成される。

　内部昇進制の利点としては、これが上記のランク・ヒエラルキーによるインセンティブとなって、従業員間での競争を促し、自身のパフォーマンスを高めるような学習を生み出すことが挙げられる。また、従業員を外部の労働市場から遮断し、長期的な勤続の方向へと導くため、ジョブ・ローテーションや幅広い参加的学習[3.8]における短期的な効率性の低下を許容するだけの時間的余裕を生み出し、その結果として実行部門への権限委譲の際の局所最適化を防止する役割を果たす。これにより、環境の変化やトラブルに対して、自律的にかつアジルに対応することが可能になるのである。

　さらに、内部昇進制では、昇進者を選抜する際に内部者のパフォーマンスのみを観察していれば十分であり、企業外部の労働市場における従業員の価値まで測定する必要がないため、企業にとって従業員の価値を測定する際にかかるコストを節約することできるという利点を持つ[3.2]。それに加えて、内部昇進制では長期にわたって従業員のパフォーマンスを観察することになるため、従業員が積み重ねてきた業績や努力をより正確に把握することができるという利点もある。しかも、ジョブ・ローテーションにより、多くの上司からの評定を受けることになるため、1人の上司の恣意性から解放されるのである。

3.4　退職管理

(1) 定年退職と中途退職

　退職管理は、一般に定年退職の管理を意味するが、近年は若年層を中心に中途退職も増加している。定年退職は、ある一定の年齢になると自動的に退職となることを意味し、それぞれの企業でその年齢が定められている。これまで日本企業では「終身雇用」という考え方が強く、定年退職が一般的であった。

　こうした日本の終身雇用制に関して、小池[3.13]はより詳細に分析しており、

日本でのみ長期勤続の傾向が見られるわけではなく、欧米にもかなりの長期勤続層が存在することを指摘している。その上で、日本の特徴は、大企業における生産労働者に、西欧におけるホワイト・カラーなみの定着性が見られることにあるとしている。一方、日本でも若年労働者を中心に転職者が増加し、労働市場の流動化が進展しつつある。したがって、日本の雇用システムを単に「終身雇用」として位置づけることには若干の飛躍があるが、上記のように長期勤続層が（大企業の）生産労働者にまで広がっていること、そして「終身雇用」という言葉が広く用いられていることをふまえ、本書ではこれをあえて「終身雇用」と呼ぶことにする。

　このような終身雇用の特徴を持つ日本の労働市場でも、近年は技術革新と経営多角化の進展により、即戦力となるスペシャリストの需要が増加し、それにともない中途採用も増加している。こうした中途採用の増加は、必然的に中途退職の増加をもたらすが、このタイプ（スペシャリストとしての中途退職）は、自発的な中途退職であるため、「自己都合の中途退職」と呼ばれる。自己都合の中途退職は、とりわけ若年労働者に多く、このことが大きな問題となっている。一方で、「会社都合の中途退職」は、一般に「リストラ」（本来の「リストラクチャリング」の意味とは異なることに注意を要する）と呼ばれるような余剰人員の解雇による中途退職を意味する。

（２）定年延長

　日本では、戦後の長い間、55歳を定年として設定してきたが、急速に進展する高齢化社会に向けて、1986年に高年齢者雇用安定法が制定され、60歳を定年とする努力義務が課せられた。さらに、1990年の改正法では65歳までの努力義務が課せられた。

　このように、定年延長のための法的環境は整いつつあるが、一方で安易な定年延長は昇進の停滞をもたらし、それでなくても問題視されている役職のポスト不足に拍車をかけることになってしまう。さらに、年功型賃金のもとで単純に定年延長を進めると人件費の増大を招いてしまうという問題点や、

すべての従業員が定年延長を望んでいるわけではないという指摘もある。

　日本では、今後の超高齢化社会に向けて、定年延長が必須の課題となっているが、一律の定年延長ではなく、従業員本人の希望や、企業が必要とする職種や雇用形態を考慮しながら、この問題に対して柔軟に対応していくべきである。その意味から、次に述べる「選択定年制」は、日本における今後の定年退職制度の新たな方向性を示唆している。

（3）選択定年制

　これまでの定年制度は、一定の年齢に達するとすべての従業員を一律に退職させる制度であったため、その年齢まで働くことができるという側面と、その年齢まで働かなければならないという側面（主に、退職金の受給）の両面を併せ持っていた。そこで、単に一律の定年延長を進めた場合、前述の諸問題に加えて、後者の考え方を持った人にとっては、定年と自身の希望との間の乖離がさらに拡大してしまうことになる。

　そこで、複数の退職コースを設定し、従業員が自己の希望に合わせてそれを選択することができれば、上記の乖離を埋めることができるかもしれない。このように複数の退職コースを設定した定年退職制度は、「選択定年制」と呼ばれる。高齢化社会において、高齢者の働く機会を拡大することは必須条件であるが、必ずしも同じ企業や公共機関で働くことがすべて望ましいというわけでもない。選択定年制を活用すれば、早めに第2の人生を選択することも可能になる。

　しかしながら、現実には選択定年制の多くは、早期の退職者に対して割増しの退職金を支払う制度と化しており、人件費削減のための手段となっている。従業員やその家族にとって、このような退職金の優遇措置は歓迎すべきことであるが、これは選択定年制の本来的な姿ではない。本来の選択定年制は、急速に進展する高齢化社会において、働く意思のある高齢者に対し雇用の機会を拡大するための定年延長を、個人差（退職希望年齢の個人差）の側面から補完することにある。その意味から、今後の（超）高齢化社会に向け

て、定年延長と選択定年制をセットで運用することが求められよう。

参考文献

[3.1] 所正文：日本企業の人的資源，白桃書房，1992
[3.2] Akerlof, G.："The Market for 'lemons': Quality Uncertainty and the Market Mechanism", *Quarterly Journal of Economics*, Vol.84, pp.488-500, 1970
[3.3] 山下洋史, 萩原統宏："学歴のシグナリング効果に関するファジィ・エントロピー・モデル", 明大商学論叢, Vol.98, No.3・4合併号, pp.1-15, 2016
[3.4] 猪木武徳, 大橋勇雄：人と組織の経済学・入門，JICC出版局，1991
[3.5] 山下洋史：人的資源管理の理論と実際，東京経済情報出版，1996
[3.6] 青木昌彦：日本企業の組織と情報，東洋経済新報社，1989
[3.7] 久保淳志：昇進・昇格制度のつくり方 運用の仕方，中央経済社, 1991
[3.8] 山下洋史, 尾関守："組織における学習の二面性に関する研究", 日本経営工学誌, Vol.45, No.3, pp.246-251, 1994
[3.9] 山下洋史："組織における学習と活性化の関係", 日本経営システム学会誌, Vol.11, No.2, pp.49-54, 1994
[3.10] 山下洋史, 尾関守："組織における学習の二面性と注意の配分", 日本経営工学会秋季研究発表大会予稿集, pp.249-250, 1993
[3.11] 山下洋史："学習速度を考慮した組織学習の二面性の分析モデル", 山梨学院短期大学研究紀要, No.14, pp.123-127, 1994
[3.12] 山下洋史："日本企業における昇進・昇格管理の重要性", 日本経営システム学会春季大会予稿集, pp.45-48, 1995
[3.13] 小池和男：仕事の経済学，東洋経済新報社，1991

第4章 教育訓練管理

　入社したばかりの従業員は、学校教育によって一般的な知識を習得していても、その企業特有の知識やスキルについては身につけていない。こうした知識やスキルを、基本的に入社後の教育訓練によって身につけていくことになる。

　そこで、企業に入社すると、まず新入社員教育を受け、配属された職場で上司や先輩から最初の仕事を教えてもらう。その後、仕事を覚え、第一線で活躍するようになると、一般従業員教育→管理者・監督者教育（→経営者教育）という順で教育訓練を受け、自身のキャリア・アップを図っていくことになる。その意味から、教育訓練は、原材料等の物的資源を製品にして価値を高めるためのシステム（生産システム）と同様に、企業や公共機関における人的資源の価値を高めるためのシステムとして位置づけられる。

　本章では、まず教育訓練の目的を概説し、次いでOJT（On the Job Training）とoff JT（off the Job Training）の特徴について述べることにする。さらに、一般訓練と特殊訓練の違いを、主として教育訓練費用の側面から検討し、最後に新入社員教育から経営者教育に至るまでの階層別教育訓練を概説していくことにする。

4.1 教育訓練の目的

　教育訓練の目的は多面的であり、本田・福富[4.1]はこれを「職務の知識と技術の啓発」「情報の伝達」「態度の調整」の3点に整理している。単に「教育訓練の目的」といったとき、多くの人々が「職務の知識と技術の啓発」を頭に浮かべるであろう。この目的は、現在あるいは将来の職務に必要な知識

と技術の啓発を意味し、従業員の職務適応を支援する役割を果たす。しかしながら、教育訓練の目的はこれに尽きるものではない。一般に見落とされがちではあるが、教育訓練における重要な目的が「情報の伝達」と「態度の調整」である。

企業では、教育訓練を行うことによって、その経営理念やビジョン、そして方針や沿革等の情報を従業員に伝達することができる。これは、「情報の伝達」の目的に相当し、こうした企業と従業員の間での「情報共有」により、行動のベクトルを合わせるのである。さらに、上記のような情報共有によって、計画機能を実行部門に権限委譲した場合にも、その部門にとっての局所最適化の行動を防止するという効果を期待することができる。

一方、「職務の知識と技術の啓発」は、労働者の動機づけを強化するが、その際に労働者の感情と反応に対する管理者・監督者の感受性を増大させることによって、仕事に対する態度を調整する、すなわち「態度の調整」[4.1]も、教育訓練の大きな目的である。これにより、組織での水平的コーディネーション（**第3章**を参照）を円滑に進めることが可能になる。

以上のように、教育訓練は「職務の知識と技術の啓発」という直接的な目的のみならず、「情報の伝達」と「態度の調整」という間接的ではあるが、重要な目的を併せ持っているのである。

4.2　OJTとoff JT

(1) OJT

OJTは、On the Job Training（職場内教育訓練）を意味する。これは、多くの場合、職場で実際の仕事を行いながら、上司や先輩が個人に密着した指導により進められる。したがって、一人一人の理解度に合わせた進め方をすることができ、それによる効果の確認も容易である。また、実際の仕事を通して教育訓練を受けることになるため、その内容が具体的でわかり易く、即効性が高いという利点がある。さらに、off JTに比較して教育訓練コスト

第4章　教育訓練管理

を低い水準に抑えることができる。

　しかしながら、OJTの場合、指導者が教育訓練の専門家でない職場の上司や先輩であるだけに、その資質に大きく左右され、体系立った教育訓練が難しいという短所も併せ持っている。さらに、指導者の日常業務が忙しくなると、突然OJTが中止になることもある。

　そこで、OJTの効果を最大限に発揮させるためには、被訓練者はOJTの内容を忘れないうちに実践し、もし思うようにできないところがあれば、積極的に質問すべきである。一方、指導者は予め教育訓練（OJT）の進め方を十分に検討しておくことが求められる。また、本人の理解度に合わせて教育訓練内容やスピードをフレキシブルに対応していくことも必要である。

（2）off JT

　off JTは、off the Job Training（職場外教育訓練）を意味し、企業外教育訓練のみならず、企業の内部で実施される職場横断的な集合教育もこれに含まれる。off JTは、実際の仕事や作業の場面から被訓練者を離して、会議室・教室や訓練施設などで行われる[4.3]。例えば、上記のような企業内（職場内ではない）の集合教育や、企業外のセミナーあるいは講習会への参加、通信教育等が、これに相当する[4.2]。

　従来、日本企業では、OJTのみでも十分に仕事を覚えることができたが、近年の企業活動の国際化による外国語教育や、技術革新・情報化によるコンピュータ教育等の目的別教育訓練は、OJTのみで対応することを困難にしており、こうした企業環境がoff JTの重要性を高めている。

　off JTは、職場を離れて実施されるため、教育訓練に集中することができ、短期間にまとめて実施することも可能である（例えば、合宿形式）。また、専門家の講師によって、OJTよりも高度で汎用的・体系的な内容を教育することができる。

　しかしながら、OJTとは異なり実務と直結していないために、いくら高度な教育訓練を受けても、それを実務に活かせないまま忘れてしまうことも

多い。したがって、被訓練者自身が予め十分な問題意識・目的意識を持っておくことが、off JTの効果を高めるための条件となる。

4.3　一般訓練と特殊訓練

　ベッカー[4.4]の人的資本論では、訓練を行った企業のみならず他の多くの企業に共通して有用な訓練を「一般訓練」と呼び、それによる熟練を「一般熟練」と呼んでいる。もし、完全な一般訓練であれば、多くの企業で等しく有用であるが、その際の賃金率も限界生産力と同じだけ上昇してしまうため、企業は何の収益も得ることができない[4.4]。それでも、企業がこうした一般訓練を実施するのは、基本的にその費用を労働者が負担することになるからである。すなわち、一般訓練による一般熟練は、どの企業でも等しく有用であるため、もし完全に競争的な労働市場であれば、労働者は自由に企業を移動することができ[4.5]、その生産性に見合った賃金を獲得することができるが、教育訓練費用をすべて負担しなければならないのである。

　一方、訓練を行った企業において、他の企業よりも生産性を特に大きく増大させる訓練を、人的資本論[4.4]では「特殊訓練」と呼び、それによる熟練を「特殊熟練」と呼んでいる。特殊熟練は、教育訓練を受けた企業でのみ有効な熟練であるため、従業員が転職すると同時にその価値は失われてしまう。したがって、特殊訓練は従業員を長期勤続の方向へと導く傾向がある。

　ここで、日本の終身雇用制に焦点を当てれば、そこでは特殊訓練が教育訓練の基盤となっているはずである。実際に、OJTによる特殊訓練は、日本における教育訓練の主たる方法となっている。それでは、特殊訓練の費用は企業が負担すべきであろうか、それとも労働者が負担すべきであろうか？

　もし、特殊訓練の費用を企業が負担した場合、労働者が転職すると、その費用を回収することができなくなってしまう。反対に、これを労働者が負担した場合は、自身が解雇されたときに特殊熟練の価値が失われてしまうため、その費用を回収することができなくなってしまう。そこで、特殊訓練の費用

については、企業と労働者が互いに転職と解雇を防止する意味からも、双方がシェアすべきなのである。しかしながら、日本では上記のような転職と解雇のリスクが小さいため、特殊訓練の費用はもとより、一般訓練の費用をも企業が負担する傾向がある。

4.4 階層別教育訓練

(1) 新入社員教育

日本では、企業や公共機関が新規学卒者を毎年4月に一括採用するため、学生や生徒を社会人として自立させる上で、新入社員教育が大きな役割を果たすことになる。新入社員教育は、一般に第1段階のoff JTと、第2段階のOJTにより構成される[4.6]。

第1段階のoff JTでは、社会人として身につけておくべき基本的な事項・マナーや、当該企業・業界の動向に関する教育を展開する。前者は、あいさつの仕方・電話の応対・名刺交換の仕方、さらには依頼書や報告書の書き方等を身につけさせるための教育訓練であり、その多くは一般訓練に位置づけられる。後者は、当該企業の理念・経営状態・シェア・主力商品、および工場や販売拠点の所在地・組織構成・労働条件等、当該企業の概要と、当該企業が属する業界の動向・競争関係についての教育訓練であり、その多くは特殊訓練に相当する。こうしたoff JTを終えると、新入社員はそれぞれの職場に配属される。

第2段階のOJTでは、配属された職場の上司や先輩からその職場で必要となる知識・技能・技術について、実際に仕事を行いながらパーソナル・コーチングを受けることになる。これにより、初めての仕事を覚え、担当者として実務に当たることになる。日本では、前述のように、スペシャリストよりもジェネラリストを重視した採用を行う傾向があり、大学で学んだ専門を活かすというよりも、職場に配属されてから仕事を覚えるという考え方が強いため、第2段階のOJTが果たす役割は非常に大きい。したがって、ここ

での教育内容の多くは、特殊教育である。

(2) 一般従業員教育

　社会人としての生活に慣れ、自身で十分に担当職務をこなすことができるようになった従業員に対する教育訓練が、一般従業員教育である。これは、現在の担当職務に関する専門性を高めるべく、それまでのOJTで個々に理解してきた職務内容を、体系立てて把握するよう従業員を導くことを主たる目的としている。

　一方、この時期は新入社員としての緊張感から解放され、精神的にも余裕が生じるため、どうしてもマンネリ化した態度に陥りやすい。そこで、こうした教育訓練を通して、日常業務を見直し、もう一度、新鮮な気持ちで仕事に当たるよう従業員の意識をリセットさせることも重要な目的となる。

(3) 管理者・監督者教育

　新入社員教育や一般従業員教育が、現在の担当職務に関する教育訓練であるのに対して、管理者・監督者教育は職場のリーダーとしての教育訓練である。一般に、監督者教育はライン部門における職長や班長を対象としており、管理者教育は係長や課長、場合によっては部長をその対象としている。

　代表的な監督者教育の方法としては、米国労働省が開発したTWI (Training Within Industry) が広く知られている。TWIは、仕事の教え方・改善の進め方や人の扱い方に関する教育訓練であり、これは「教育を行うための教育訓練」あるいは「OJTを行うためのoff JT」として位置づけられる。

　一方、管理者教育の代表的な方法としては、MTP (Management Training Program) を挙げることができる。MTPは、上記のようなTWIの教育内容に加えて、管理者として必要な管理の原則や職場のモラール等の幅広い教育内容が組み込まれており、当然のことながらoff JTとして進められる。

　以上のように、管理者教育と監督者教育は、ともにoff JTであり、また1

つの企業に限定された教育内容ではないため、その多くは前述の一般訓練に相当する。

(4) 経営者教育

経営者には、的確な意思決定や経営戦略の策定・将来の予測、また強いリーダーシップや後継者の育成が要求されるため、多くの場合、これらに関して優れた能力を持った人間が経営者となる。しかしながら、これらのすべてに関して先天的に高い能力を有しているとは限らず、また企業環境の激しい変化に対応するためには、常に新しい情報や知識を吸収しておく必要がある。こうした点を補強・強化することが、経営者教育の目的である。

一般に、経営者教育は、社内にそれぞれの分野の専門家を招く、あるいは社外の経営セミナーに参加するというoff JTの形式で進められる。

参考文献

[4.1] 本田時雄, 福富護：産業心理学, 福村出版, 1974
[4.2] 所正文：日本企業の人的資源, 白桃書房, 1992
[4.3] 柴川林也編：経営用語辞典, 東洋経済新報社, 1992
[4.4] Becker, G.S.：*Human Capital*, Colombia University Press, 1975（佐野陽子訳：人的資本, 東洋経済新報社, 1976）
[4.5] 猪木武徳, 大橋勇雄：人と組織の経済学・入門, JICC出版局, 1991
[4.6] 山下洋史：人的資源管理の理論と実際, 東京経済情報出版, 1996

第5章 労働条件管理

　労働者にとって、「賃金はいくらなのか」「独身寮はあるのか」「何時から何時まで働くのか」「職場の作業環境は良いか」等の労働条件は大きな意味を持つが、こうした労働条件を適切に管理することが、文字通り「労働条件管理」の目的である。

　一般に、労働条件管理は、労働報酬的側面と労働環境的側面の二面性を有している。前者（労働報酬的側面）には賃金管理と福利厚生管理が含まれ、後者（労働環境的側面）には労働時間管理と安全衛生管理が含まれる[5.1]。これらの中で、賃金管理は、労働者にとっても企業にとっても、最も重要なテーマであるため、本書では章を独立させて**第6章**で述べることにし、ここでは賃金管理以外の「福利厚生管理」「労働時間管理」「安全衛生管理」について解説していくことにする。

5.1　福利厚生管理

(1) 福利厚生とは

　福利厚生は、企業の費用負担と管理で運営されるさまざまな福祉政策の総称であり、これにより生み出される便益がフリンジ・ベネフィット（fringe benefit）である。福利厚生は、スケール・メリット、すなわち従業員数が多いほど、単位当たりの支出の生み出すベネフィットが高まる点に、その存在意義が認められる。さらに、これが企業と従業員の両者にとっての費用として、一般に税控除の対象となる[5.2]。

　福利厚生は、職務の範囲を越えて従業員の生活面までを対象としているため、従業員のみならず、その家族も恩恵を受けることになり、当該企業に対

する従業員とその家族の帰属意識を高める効果を発揮する。日本では、中小企業を中心に現在でも温情主義的な考え方が根強く残っており、こうした意味から福利厚生は賃金を補完する役割を果たしてきた。しかしながら、物的に豊かになった現在の日本では、基本的に上記の温情主義的な福利厚生からの脱却を図る必要があり、法律で義務づけられた範囲（次に述べる「法定福祉」）およびスケール・メリットを活かせる範囲に限定する方向へと向かっていくべきであろう。

（2）法定福祉と法定外福祉

　福利厚生は、法律（「社会保険法」「厚生年金保険法」「雇用保険法」「労働者災害補償保険法」「精神保健福祉法」「知的障害者福祉法」等、社会保険関連の各法律）によって企業に義務づけられている法定福祉と、企業が任意に行う法定外福祉に分類することができる。

　法定福祉は、健康保険・厚生年金保険・雇用保険・労働災害保険といった社会保険に対する企業の費用負担を主たる内容としている。今後の高齢化社会に対して、企業と従業員が一体となって対応していくためには、法定福祉の充実が不可欠である。しかしながら、法定福祉は企業の業績の如何を問わず義務づけられているため、十分な検討が必要な福利厚生は、むしろ法定外福祉である。

　法定外福祉は、企業の自主性に任されているため、当然のことながら、その内容は企業により異なるが、経団連により継続的に行われている「福利厚生費調査結果報告」に従えば、下記のように分類される。

　①住宅（世帯用住宅・単身用住宅・持ち家援助）
　②医療・保健（医療施設・保健衛生）
　③生活援助（給食・購買・被服・通勤・託児・育英）
　④慶弔・共済・保険（慶弔金・共済会・団体生命保険）
　⑤体育・文化・レクリエーション（施設・活動支援）

⑥その他(法定福利付加給付・財産形成など)

前述のように、日本では温情主義的な考え方に基づく法定外福祉(福利厚生)が広く浸透しており、過剰な福利厚生になりがちである。そこで、日本では法定外福祉の内容を再検討することが求められる。その際には、以下のことを考慮すべきである[5.3]。

①温情主義的な福利厚生の押し付けをしない。
②個人では実現不可能な福利厚生を優先する(スケール・メリットを活かす)。
③受益者負担のウェイトを高める。
④福利厚生施設を有効活用するために、また利用者にとっての選択枝を多くするために、企業間での相互利用についても積極的に進めていく。

5.2 労働時間管理

(1) 労働時間管理の4つの側面
　労働時間の管理について議論するとき、一般に労働時間の長さのみに焦点が当てられる傾向があるが、下記のような4つの側面[5.1],[5.4]を総合的に検討していく必要がある。

1) 労働時間の長さの管理
　これが、労働時間の中心となる管理であり、とりわけ企業や公共機関が、労働時間をいかに短縮するか(いわゆる「時短」)の問題に高い関心が寄せられている。日本政府は、海外からの批判や圧力もあり、従来の週48時間の労働時間を週40時間へと移行すべく、1988年に労働基準法の改正を行った。
　しかしながら、日本企業には労働時間の長さに関して、もう1つの大きな問題点が横たわっている。それは、時間外労働(残業や休日出勤)の問題であり、これが実質的な労働時間を増大させている。時間外労働は、単に人員

数の不足のみで生じるわけではなく、仕事量の変動やトラブルをその日のうちに処理しようとする従業員の意識にも起因している。また、残業手当を生活費の一部として当てにしてしまっている場合もあり、この問題の構造は単純ではない。

　こうした時間外労働を削減するための1つの有力な方法が、次節で述べる「フレックス・タイム制」であろう。例えば、仕事量の少ない始業時には少し遅く出勤し、仕事量の多い夕方にその分だけ遅い時間まで働くことで、終業時間後に働いた分の残業を削減することができる。

　一方で、バブル崩壊後の企業の減益により、残業時間の上限が強制的に低い水準に抑制されたり（例えば、月30時間が上限であった残業時間が、月10時間に制限される）、残業が禁止されたりすることも多くなっている。これにより、残業しても残業手当が支払われない、いわゆる「サービス残業」の問題が深刻化している。

2）労働時間の配置の管理

　これは、何時から何時までを勤務時間にするか、その間にいつ休憩を入れるかについての管理を意味する。山下[5.3]は、その際に考慮すべき点を、下記のように整理している。

①人間が活動し易い時間帯に勤務時間を設定する。
②取引先との連絡がとり易い時間帯に勤務時間を設定する。
③交通の便が良い時間帯に勤務時間を設定する（ラッシュ・アワーの回避を含めて）。
④従業員が家族との生活のリズムを調和させ易い時間帯に勤務時間を設定する。
⑤従業員が食事をすべき時間帯に休憩時間（昼休み）を設定する。
⑥従業員の疲労がたまり易い時間帯に休憩時間を設定する。

　さらに、最近では勤務時間に柔軟性を持たせるべきか否か（例えば、後述

の「フレックス・タイム制」)、またそれをどの部門に導入すべきかが重要な課題となっている。

3）交替制の管理

勤務時間は、前述のように、人間が活動し易い時間帯に設定すべきであるが、公共的な性格の強いサービス（例えば、警察・消防・鉄道・病院・道路工事等）や、コンビニエンス・ストア、さらには大規模な投資を行った24時間フル稼働の工場などでは、深夜勤務や早朝勤務に頼らざるを得ない。このような場合、2交替制や3交替制といった交替制を導入することになる。

しかしながら、交替制による深夜勤務や早朝勤務は、従業員の健康や家庭生活のリズムを崩す危険性があるため、必要最小限の範囲に限定し、実施する場合にも計画的で慎重な運用が求められる。

4）休日の管理

これは、文字どおり休日をどのように設定するかについての管理であり、年次有給休暇制度の問題もここに含まれる。一般に、土曜日と日曜日（週休2日の場合）が休日となるが、土曜・日曜に休むことのできない業種（例えば、ホテル・映画館・遊園地等）もあり、このことを含めて次のような課題が存在する[5.3]。

①年末・年始やゴールデンウィーク・お盆の休みを何日間にするか？
②一部の土曜日を休みにする場合は、どの土曜日を休みにするか？
③完全週休2日の場合は、土曜・日曜以外の祝日を休みにするか？
④土曜・日曜を休日にすることができない場合は、何曜日を休みにするか？

（2）フレックス・タイム制

フレックス・タイム制（flextime, flexible working-hours）は、1ヵ月以内の一定期間における総労働時間を定めておき、労働者がその範囲内で1日の始業および終業の時刻を選択して働くことを可能にする制度である[5.3]。

これにより、労働者は自身の業務と生活との間で調和を図りながら、効率的に働くことが可能になる[5.5]。フレックス・タイム制は、企業と従業員の双方にとって、次のような利点をもたらす[5.3]。

1）企業側の利点
①従業員にとって働き易い時間帯を勤務時間にすることにより、各人の能力を最大的に引き出すことができる。
②従業員にとって忙しい時間帯を勤務時間にすることにより、残業時間を削減することができる。

2）従業員側の利点
①自身の生活のリズムに勤務時間帯を合わせ込むことができる。
②その日のスケジュールによって、勤務時間帯をシフトさせることができる。
③短い時間の私用であれば、その日の勤務時間帯をシフトさせることにより、有給休暇をとらなくてもすむようになる。
④ラッシュ・アワーを回避することができる。

しかしながら、フレックス・タイム制には、こうした利点のみならず、次のような欠点も存在する[5.3]。

①会議や研修等の日程を合わせ込むことが難しくなる。
②企業の内部にフレックス・タイムを導入している部門と導入していない部門が存在すると、導入していない部門での不満が生じ易い。
③「遅刻をしない」という時間厳守の意識がどうしても低くなる。
④下記のように、清算期間内での総労働時間の管理に手間がかかる。

フレックス・タイム制は、一般にコア・タイムとフレックス・タイムから構成されており、コア・タイムの時間帯ではフレックス・タイム制であっても従業員は勤務しなければならない。一方、フレックス・タイムの時間帯で

は、各人が始業時間と終業時間を自由に設定することができる。ただし、予め決められた清算期間（例えば、1日や1週間）の総労働時間には拘束されることになる。したがって、こうした清算期間が長いほど、労働時間のフレキシビリティは高まるが、一般には1日単位の清算期間が採用される。

5.3 安全衛生管理

（1）安全衛生管理体制

　従業員が安心して働くことのできる労働環境を整備するための管理が、安全衛生管理であり、これが企業や公共機関が従業員から最大限の貢献を引き出すための基盤となる。また、従業員にとっては、自身の肉体的・精神的健康を維持する上で、大きな意味を持つ。

　労働安全衛生法では、下記の担当を定め、安全衛生管理体制（ただし、業種や規模により異なる）を構築するよう、義務づけられている。

①総括安全衛生管理者
②安全管理者・衛生管理者
③安全衛生推進者・衛生推進者
④安全委員会・衛生委員会・安全衛生委員会
⑤産業医
⑥作業主任者

（2）作業環境

　企業や公共機関は、従業員の健康や安全に配慮した作業環境を構築しなければならない。その際、下記の8項目について十分な対応が求められる。さらに、最近では健康や安全に悪影響を及ぼす要因を排除するという環境整備だけでなく、インテリジェント・ビルの室内に代表されるハイセンスな作業環境を構築するという積極的な環境整備も注目されるようになった。こうし

た作業環境は、従業員のみならず、顧客や取引先にとってのイメージアップにもつながる。

　①色彩
　②照明と照度
　③温湿度
　④換気と通風
　⑤騒音
　⑥振動
　⑦粉塵
　⑧臭い

(3) 疲労

　人間であれば誰もが、労働により何らかの「疲労」を感じるはずである。しかしながら、同じように疲労であっても、仕事の達成感を持った心地良い疲労もあれば、翌日は休みたくなるような疲労もある。こうした違いは、疲労が肉体的要因のみならず、多分に精神的な要因に支配されることを示している。

　このような点に注目し、本田・福富[5.5]は疲労を下記の3つに分類している。

1) 疲労感（主観的疲労）

　これが最も直接的な疲労の捉え方であり、労働者が「疲れた」と感じることを意味する。疲労感は、生理機能の変調にともなう主観的体験であり、下記の客観的疲労や生理的疲労と必ずしも一致するとは限らない。なぜなら、興味のある仕事をしたときや仕事が思い通りに進んだときは、客観的疲労や生理的疲労が生じていても疲労感が小さいが、気の進まない仕事をしたときや仕事が思うように進まなかったときには疲労感が大きくなるからである。

2）生産・作業成績の量的・質的低下（客観的疲労）

　疲労により作業のリズムが崩れ、集中力が低下すると、仕事の量あるいは質が低下するため、これらが疲労の客観的指標となる。ただし、生理的疲労は生じていても、仕事の重要性や興味による集中力でこれを補い、仕事の量的・質的低下は見られないこともある点に注意を要する。

　客観的疲労は、仕事の成果に大きく表れるが、仕事の過程において、あくび・よそ見・いねむり・雑談等にも表れる。

3）作業能力・生理機能の低下（生理的疲労）

　労働者が疲労すると、生理機能が変調し、それにともない作業能力が低下する。こうした疲労が生理的疲労である。これは、筋力・脈拍・血圧・視力・血液・尿・肝機能・腎機能など、多くの生理的機能検査によって判定される。ただし、興味のある仕事で主観的疲労は感じなくても、実際には生理的疲労が生じている場合もある点に注意を要する。

（4）メンタル・ヘルス

　従来の安全・衛生管理は、前述の作業環境8項目に代表されるように、主として人間のフィジカル・ヘルスを対象にしていた。これに対して、最近では機械化・職務の細分化による労働疎外や、上からと下からの板ばさみによる中間管理職のストレス等から、メンタル・ヘルスが重視されるようになった。

　メンタル・ヘルスを維持するためには、従業員自身の努力（スポーツや娯楽によるストレスの発散）と企業の支援（人間関係管理の充実・福利厚生施設の提供・カウンセリング体制の確立）の両面からのアプローチが求められる。

参考文献

[5.1] 所正文：日本企業の人的資源，白桃書房，1992
[5.2] 猪木武徳，大橋勇雄：人と組織の経済学・入門，JICC出版局，1991
[5.3] 山下洋史：人的資源管理の理論と実際，東京経済情報出版，1996
[5.4] 森五郎：人事・労務管理の知識，日本経済新聞社，1987
[5.5] 本田時雄，福富護：産業心理学，福村出版，1974

第6章 賃金管理

　労働者は、賃金のためだけに働いているわけではなく、自身にとっての「働きがい」、すなわち働くことを通じた心理的報酬を望んでいる。一方で、賃金が労働者とその家族を支える生活の基盤であることもまた事実であり、賃金は労働の対価としての役割を担っている。

　本章では、まず賃金管理の役割と、賃金支払いの5原則について概説した上で、こうした賃金管理を「賃金総額の管理」と「個別賃金の管理」に大別し、それぞれの決定要因について検討する。さらに、代表的な賃金モデルとして、生活保障モデルを紹介していくことにする。

6.1　賃金管理の役割

　労働者と企業の関係を最も単純化して捉えれば、労働者が企業に労働力を提供し、その対価として賃金を受け取るという関係になる。このような考え方に基づけば、賃金は労働に対するインセンティブとなり、その高低あるいは増減が労働のパフォーマンスを大きく左右する要因となる。こうした賃金の役割は「労働対価性」と呼ばれ、これを含めて、下記のような3つの役割[6.1]を指摘することができる。

　①労働対価性
　②生活保証性
　③コスト性

　労働対価性は、労働の価値に等しい賃金を支払う義務（企業）と受け取る権利（労働者）があることを意味している。すなわち、労働の価値に応じた

賃金の支払いと受け取りという関係である。しかしながら、労働の価値を測定し、それに等しい賃金を決定することは、簡単な課題ではない。そこで、職務が等しければ、同一の賃金を支払うという方式が米国で広く採用されており、これは「職務給」と呼ばれる（詳しくは、**6.4節**を参照）。

次に、生活保障性は、賃金によって生計を立てている労働者の生活を保障するという役割を意味する。これによれば、賃金は物価の変動を吸収する必要があり、労働組合はこうした点を強く主張する。

一方、コスト性は、労働者にとって賃金は収入であるが、企業にとっては原価の一部であることを意味する。したがって、賃金水準をどのように設定するかは、企業の支払い能力とともに、商品やサービスの持つ価格競争力にも依存する[6.1]。こうした賃金のコスト性が、労使の対立（詳しくは、**第7章**を参照）を生じさせる要因となり、賃金管理を複雑化している。

6.2　賃金支払いの5原則

賃金に関する基本的な法律は「労働基準法」であり、その第24条に下記のような賃金支払いの5原則が定められている。

1）通貨払いの原則

賃金は、通貨による支払を原則としており、基本的に現物給与による支払は禁止されている。ただし、労働協約に定められている場合には、現物給与が認められることもある。

2）直接払いの原則

賃金を支払う際には、第三者の介在を排除し、本人に直接支払わなければならない。ただし、本人の預金口座への振込や、派遣労働者に対する派遣元企業からの賃金の支払いは認められている。

3）全額払いの原則

賃金は、一括して全額を支払うことを原則とし、勝手に分割することは禁止されている。

4）毎月1回以上支払の原則

少なくとも月に1回は賃金を支払わなければならない。このことは、年俸の契約であっても同様である。

5）一定期日払いの原則

月1回の支払いであれば、毎月一定の日を定めて賃金を支払わなければならない。

これらの原則は、労働者の生活のリズムを守るために不可欠であり、企業は確実にこれらの原則を守らなければならない。

6.3　賃金水準の決定要因

賃金は、ここまで述べてきたように、労働者にとって生計を支えるための基盤となると同時に、企業にとってはコストとなるため、その水準（賃金水準）の決定メカニズムは単純ではない。こうしたメカニズムを整理すると、下記のように、4つの要因に分類され[6.2]、これらが複合して、社会あるいは企業（個人ではない点に注意を要する）としての賃金水準が形成される。

1）労働力の需給バランス

賃金水準を、労働力に対する需要と供給の関係（労働市場における需給バランス）の側面から捉えると、一般に需要が多く供給が少ないときに賃金水準が上昇し、逆に需要が少なく供給が多いときに低下する。これは、労働市場における需要と供給のバランスが、賃金水準の決定要因となっていることを示している。

もし、労働市場で企業と労働者がそれぞれの自由意思によって労働力を売

買している、すなわち市場が完全に競争的であるとすれば、需要と供給がバランスするような賃金水準に落ち着くことになる。賃金の低い企業の労働者が高い企業へと移動したり、賃金の高い企業を解雇された労働者が賃金の低い企業へと移動したりすることによって、賃金水準と需給関係の両面のバランスがとられるのである。

こうした労働市場の需給バランスに注目した賃金水準モデルとしては、「フィリップス曲線」のモデルが広く知られている。

2）労働者の生計費

もし、労働市場が完全に競争的であるならば、上記のように、賃金水準は労働力の需給バランスのみで決まるはずであるが、現実には他にも多くの要因の影響を受けている。そのうちの一要因が、労働者の生計費である。すなわち、企業は労働者の生活を保障するために、生計費に応じた賃金を支払うべきであるという意味で、その一要因となっているのである。

一般に、労働者の生計費は年齢の上昇にともなって上昇していくため、この要因による影響が大きい場合は、年功型の賃金が形成される。したがって、年功型の賃金体系を持つ多くの日本企業では、この要因による賃金水準への影響力が相対的に大きいと考えることができる。

こうした「労働者の生計費」に注目した賃金水準モデルに、後述する「生活保障モデル」がある。

3）企業の支払い能力

賃金は、企業にとってはコストとしての性格を有しており、その意味から企業業績による支払い能力が賃金水準決定の一要因となると同時に、経営的観点からいえば、これが最も重要な要因として位置づけられる。この要因により、企業間で賃金水準の格差が生じ、とりわけ「企業別組合」が一般的な日本企業では大きな影響力を持つ。

また、日本では夏と冬の「賞与」が広く浸透しており、実質的には賃金の一部となっている。このことも、企業の支払い能力に依存する性格を強めて

いる。

4）労働組合の交渉力

　賃金水準は本来、上記のような3つの要因によって決定されるが、最終的には経営者と労働組合の交渉（詳しくは、**第7章**を参照）による「かけひき」が展開される。日本では、こうした交渉を「春闘」として集中的に展開しており、この時期に労働組合は、ストライキを背景として交渉力を高め、より高い賃金水準の回答を引き出そうとする。春闘は、産業別組合が統一の要求を組んで、まず交渉力の高い企業が先行相場をつくり、それに他の企業が追従する方式である[6.3]。

　こうした労働組合の交渉力が、前述の3要因によって決まる賃金水準を、労働者の立場から微調整（上積み）する役割を果たしている。

6.4　賃金形態

　前節で述べた賃金水準の決定要因は、社会レベルあるいは企業レベルの要因であり、個人レベルの賃金は下記のような「賃金形態」に依存する。代表的な賃金形態には、「職務給」「属人給」「職能給」があり[6.1]、職務給は米国において、また属人給と職能給は日本において、広く浸透している。

　以下では、これらの賃金形態（職務給・属人給・職能給）について概説していくことにする。

1）職務給

　職務給は、各従業員の担当する職務の重要度と難易度によって賃金が決まる賃金形態であり、「同一職務同一賃金」の原則に従って職務と労働者の能力が対応づけられている。したがって、労働者が現在よりも高い賃金を得るためには、現在よりも重要度あるいは難易度の高い職務に就くことが必要になる。

　職務給は、米国で一般的な賃金形態であり、主にブルーカラーに適用され

るシングル・レート（単一職務給）と、ホワイトカラーに適用されることの多いレンジ・レート（範囲職務給）に分類される。シングル・レートは、完全なる「同一職務同一賃金」であるのに対して、レンジ・レートは同一職務であっても経験や習熟等の個人差をある幅（レンジ）で反映させる賃金形態となっている。

職務給を決定するためには、**第2章**で述べた職務分析によって職務の重要度と難易度を明らかにし、それに基づいて職務評価を行う必要がある。すなわち、職務評価が職務分析と職務給との「橋渡し」の役割を果たすのである。

2）属人給

属人給は、年齢・勤続年数や学歴等、従業員のプロファイルを基に賃金を決定する賃金形態であり、日本において広く採用されている。日本では、新卒の学生を毎年4月に一括して採用し、そのまま定年まで雇用する（終身雇用）という考え方が強いため、年齢が上昇することで、必然的に勤続年数も長くなる。そこで、属人給はこうした年齢と勤続年数の両面から「年功型の賃金形態」となる。

属人給の基準となる従業員のプロファイルは、客観的な指標であるため、属人給に対するウェイトが高いということは、評定者の主観に依存する度合いが小さいことを意味する。また、従業員の年齢と生計費の間には正の相関があるため、年功型の賃金は「生活保障」的機能を発揮する。さらに、高度成長期のように、若年層が多く中高年齢層が少ないピラミッド型の年齢構成であれば、企業にとってコストとしての賃金総額を低い水準に抑えることができる。

それに加えて、長く勤めれば、より高い賃金を獲得することができる年功型の賃金形態は、従業員を長期勤続の方向に導くとともに、企業に対する帰属意識を高める効果を発揮する。また、**第3章**で述べたジョブ・ローテーションや幅広い参加的学習による短期的な効率性の低下を許容し、局所最適化の防止という長期的な効果を優先するための時間的余裕を、企業に対して与

えることになる。

　しかしながら、近年の経営多角化や情報化の進展により、これまでの経験に支配されるスキルが相対的に小さくなり、年齢や勤続年数による職務遂行能力の上昇が、必ずしも成立するとは限らなくなりつつある。また、日本では社会全体での急速な高齢化により、企業の内部でも中高年層が多く若年層が少ない年齢構成（逆ピラミッド）の方向へと向かっており、従来の年功型賃金形態のままでは賃金総額が膨れ上がってしまう。

　これらの変化により、日本では属人給に軸足を置いた従来の年功型の賃金形態を見直す必要に迫られており、能力主義的賃金へのシフトの必要性が叫ばれるようになった。そこで、属人給と下記の職能給を併用した日本の賃金形態の中でも、後者（職能給）のウェイトを高めようとする傾向にある。

3）職能給

　職能給は、職務遂行能力に応じて賃金を支払う賃金形態であり、日本では属人給を補完する意味から、これらを併用することが多い。上記のように、能力主義的賃金へのシフトが叫ばれる今日、職能給の役割は大きくなりつつある。しかしながら、日本における従来の職能給は、経験年数を重視してきたため、実質的には年功的な性格が濃く、職務給と年功型賃金（属人給）の妥協的な賃金形態であった[6.2]。

　そこで、職能給から年功的な要素を排除し、本来の姿で運用していくためには、職務遂行能力をできるだけ正確に測定することが求められる。こうした能力測定は、一般に人事考課によって行われるが、従業員を評定する際に評定者の主観が少なからず介入するため、属人給の基準となる従業員のプロファイルの客観性と対比すると、ここに職能給の難しさが存在することがわかる。しかしながら、評定者の主観が介入するからといって、もし職能給を放棄したとすれば、能力主義的賃金自体を否定することになってしまう。そこで、こうした職能給の観点からも、できる限り人事考課の信頼性（客観性）を高める努力が求められるのである（詳しくは、**第2章**を参照）。

6.5 生活保障モデル

本章の 3 節（賃金水準の決定要因）でも述べたように、企業や公共機関は賃金の側面から労働者の生活を保障するという役割を担っている。これは、労働者の生計費が賃金水準決定の一要因となっていることを示しており、こうした労働者の生計費という立場から年功型の賃金を説明するモデルが「生活保障モデル」である[6.3]。

年功型の賃金を説明するモデルには大別して 2 つのモデルがあるが、その 1 つは経験による熟練形成を重視する「熟練モデル」であり、もう 1 つがここで述べる「生活保障モデル」である。生活保障モデルによれば、賃金変化が労働者の生計費に依存すると同時に、その生計費が年齢によって増大していくため、年齢とともに賃金も上昇するとされる。このモデルによって記述されるような、労働者の生計費に応じた賃金は、日本企業に浸透している年功型の賃金と一致しており、そういった面での妥当性が確認される。

生計費の上昇に応じて賃金を受け取ることができれば、労働者にとって生活向上の確かな見通しが立つという利点があり、また日本企業にとっても、ピラミッド型の年齢構成のもとでは、コストとしての賃金総額を低い水準に抑えることができるという利点があった。このように、労使双方の利点が一致していたことが、日本において年功型賃金を定着させてきたと考えることができるのである。しかしながら、日本では従来のピラミッド型年齢構成が、逆ピラミッド型年齢構成へと急速に変化しており、生活保障モデルの示唆する年功型賃金の利点は徐々に弱まる方向にある。

参考文献
[6.1] 大野高裕：「賃金管理」（尾関守監修『労務管理』, 産能大学, 1993）
[6.2] 所正文：日本企業の人的資源, 白桃書房, 1992
[6.3] 猪木武徳, 大橋勇雄：人と組織の経済学, JICC 出版局, 1991

第7章 労使関係管理

　労使関係（labor-management relations）は、労働者と使用者（経営者）との間の関係を意味する。さらに、この関係を拡張して労働組合と経営者の関係や、労働組合の連合体と経営者団体の関係を意味することもある。労使関係は、労資関係（labor-capital relations）と似ているが、両者は異なる点に注意を要する。労資関係は、労働者と資本家との関係を意味し[7.1]、中小企業では資本家と経営者が一致することも多いが、一般に両者は一致しないのである。そこで、労使関係と労資関係を区別して把握する必要があり、本章で述べるのは「労使関係」である。

　労使の関係には、企業を成長させたい、売上高を増大させたい、知名度を高めたい、品質を向上させたい、といった両者の利害が一致する側面と、できるだけ賃金を高めたい、休日を多くしたい等、利害が対立する側面が存在する。通常、単に労使関係といった場合、後者に焦点が当てられることが多いが、経営者のみならず労働者にとっても、前者の関係（利害が一致する側面）は重要である。しかしながら、労使関係において問題となるテーマは後者の側面であるため、本章では利害が対立する側面を中心に労使関係を論じていくことにする。

7.1　労使の利害関係が対立する側面と一致する側面

　日本における労働組合の多くは「企業内組合」となっており、この場合、労使関係自体が企業の存続の上に成立しているため、欧米に比較して利害が一致する側面が相対的に広いという特徴を持つ。一方で、労使の利害が対立する側面の中核に位置づけられるテーマは賃金である。それは、賃金が労働

者にとって収入であるのに対して、経営者にとってはコストの一部であることに起因している。すなわち、労働者は高い賃金を望み、逆に経営者は低い賃金を望むのである。そういった意味で、賃金をめぐって労使の利害は対立する。そこで、企業活動の成果を、賃金として労働者に配分するか、そうではなく株主への配当や設備投資に配分するか（あるいは内部に留保するか）がここでの問題となる。

　一般に、賃金は、労働力の需給バランス・労働者の生計費・労働組合の交渉力とともに、企業の支払能力に依存する（**第6章**を参照）。とりわけ、日本の企業内組合では、企業の業績、言い換えれば賃金支払能力が、賃金水準の決定要因として、より大きな意味を持つ。したがって、経営者のみならず、労働者や労働組合にとっても、企業の業績を高めることは最優先課題であり、この点において両者の利害は確実に一致する。一方で、企業の業績を高めるためには、できる限り原価を低い水準に抑える必要があり、その原価の中で人件費が大きなウェイトを占めることも、また事実である。

　これより、労使関係において利害が「対立する側面」と「一致する側面」の両面があり、主として前者は成果配分の側面で、後者は配分の原資を生み出す側面であることがわかる。企業の業績が良く、賃金に配分するための十分な原資があれば、労使が激しく対立する必要はなく、高業績→高賃金→良好な労使関係→高業績といった好循環が生まれる。反対に、賃金に配分すべき原資が不足すると、低業績→低賃金→労使の対立→低業績といった悪循環[7.2]に陥ってしまうのである。

7.2　労働組合

　労働組合法の第2条によれば、労働組合とは「労働者が主体となつて自主的に労働条件の維持改善その他経済的地位の向上を図ることを主たる目的として組織する団体又はその連合体をいう」とされる。ここからも、労働組合が労働者の自主性と独立性によって組織されなければならないことがわかる。

一方で、労働組合は、労働条件の維持改善と経済的地位の向上を主たる目的としており、経営への関与や政治活動を主たる目的とする団体ではない。

また、労働組合法の第2条により、下記の者は労働組合に加入することができない。

①企業の役員
②人事について直接の権限を持つ監督的立場にある者
③労使関係の機密事項に関与するため、労働組合員の立場と抵触する立場にある者
④その他企業の機密事項にかかわる者

こうしたことから、一般に課長以上を非組合員とし、係長以下を組合員としている企業が多く、係長や班長は監督的な立場にありながら、労働組合にも属することになる。したがって、係長や班長は非常に微妙な立場にあり、上からと下からに加えて経営側からと労働組合側からの板挟みで精神的ストレスが生じ易い。

日本における労働組合の組織率は、大企業において圧倒的に高いが、その要因として、猪木・大橋[7.3]は次の2点を指摘している。その1つは、労働組合としてのスケール・メリットである。大企業では、このスケール・メリットにより組合の専従員を置くことができるが、中小企業では専従員を置くことは困難であり、専従員がいなければ労働組合の活発な活動が難しくなってしまう。もう1つは、大企業では**第3章**で述べたようなランク・ヒエラルキーによるインセンティブ制度による労働者間の競争が激しいために、労働者側でこうした競争を抑制するような行動をとらないと、対経営者との力関係が低化するため、労働組合を組織し、そこでの団結が必要になるという要因である。すなわち、大企業では内部昇進制による昇進競争が激しいために、こうした労働者間の競争によって経営者に対する交渉力が低下することを防止すべく、労働組合の組織率が高くなるのである。

一方、労働組合をショップ制（組合員資格と従業員資格の関係についての

協定）という視点から分類すると、オープン・ショップ、ユニオン・ショップ、クローズド・ショップに分類される。オープン・ショップでは、使用者（企業）は労働組合員であろうと非組合員であろうと、自由に採用することができ、かつ採用された者が組合に加入するか否かについても労働者自身で自由に決めることができる。ユニオン・ショップでは、使用者は誰を採用するかについての自由を持つが、採用された者は全員が労働組合に加入しなければならない。したがって、従業員が労働組合を脱退したり、除名されたりした場合には、使用者はその従業員を解雇しなければならない。クローズド・ショップでは、使用者は採用の際に、労働協約を締結している労働組合の組合員から雇用しなければならない。

7.3　労働三権

(1) 労働三権とは

　労働三権とは、「団結権」「団体交渉権」「争議権」を意味し、憲法第28条でこれらの権利が保障されている。すなわち、労働者は団結して労働組合を組織・運営する権利（団結権）と、労働組合の代表者が労働者の団体としての立場から経営者と交渉を行う権利（団体交渉権）、および団体交渉の結果で合意が得られなかった場合に争議行為に入る権利（争議権）を有しているのである。「団結権」により組織される労働組合については、前節ですでに述べてあるので、以下では「団体交渉」と「争議行為」を解説していくことにする。

(2) 団体交渉

　団体交渉（collective bargaining）とは、1人ではどうしても弱い立場にある労働者が、「団体」として経営者と対等な立場で労働条件や労使関係等に関して行う交渉を意味し、一般に労働組合がこれを行う。団体交渉の最終的な目的は、労働協約を成立させることにある。団体交渉の議題は、基本的

に経営政策全般であるが、これが義務づけられているのは労働条件と労使関係に関する事項に限られており[7.1]、その中心的な議題は、賃金・労働時間・福利厚生・作業環境といった労働条件である。

　労働組合法では、団体交渉において経営者に誠実交渉義務が課せられており、経営者が労働組合との団体交渉を拒否することはできない。しかしながら、団体交渉の合意までは要求しておらず、交渉の打ち切りを認めている。その場合、憲法第28条により、労働組合は下記のような争議行為に入ることが認められている。団体交渉によって、労使双方の合意が達成されれば、労働協約（collective agreement）が締結され、団体交渉は終了する。

（3）争議行為

　争議行為は、労働者の団体が賃金や労働時間等、労働条件の要求を実現するための手段として展開される、正常な業務の運営を妨げる行為である。その代表的な行為にストライキがあり、他にも怠業（サボタージュ）や職場占拠・ボイコット等がある。また、経営者がこれに対抗するためのロックアウトも争議行為に含まれ、防御的な場合のみ認められている。

　正当な争議行為には、「刑事免責」「民事免責」「不利益取り扱いからの保護」が認められているが、その正当性については目的や手段等の面から総合的に判断される。現在のところ、政治ストライキや同情ストライキ・暴力ストライキは違法とされており、また日本では官公労働者の争議行為が禁止されている。

　争議行為中の賃金は、no work-no payの原則に従って、基本的に支払われない[7.1]。そのため、もしストライキが実施された場合、企業のみならず、労働者もその間の収入が途絶えることになる。ただし、家族手当や住宅手当等、諸手当の支払いについては、個々の労働条件に関する解釈の問題となるため、企業によって対応が異なる。

　争議行為が展開されても労使の合意が得られない場合には、第三者が調整に入り、公的調整が行われる。公的調整は、労働者側・経営者側の各委員お

よび中立の立場にある公益委員の3者で構成される労働委員会によって行われ、労働争議を解決するための最終的な調整の場となる。

7.4 囚人のジレンマ・ゲームによるストライキの考察

　近年、社会科学の領域においてゲーム理論が注目されている。伝統的な経済理論は、「競争市場」の仮定、すなわち個人や企業は市場において微少な単位であり、市場を支配して価格を操作することはできないという仮定の上に成立しているが、少数の企業によって支配される寡占市場では、相手の出方に応じてどのような行動をとるかを決めていると考える方が現実的である[7.4]。このように、自身と相手の行動が相互に依存し合う場面において、それらの組み合せ（代替案）の中から最適な行動を選択するための理論が「ゲーム理論」である。

　ゲーム理論の代表的問題（ゲーム）は、「囚人のジレンマ・ゲーム」であろう。これは、2人の囚人（行動主体）が、それぞれ協力的な行動あるいは非協力的な行動をとったとき、両者の利益がどのような組み合せになるかを表す分析枠組みであるが、こうした問題は何も「囚人」に限らず、社会や企業において日常的に生じるものと思われる。例えば、表7.1のような囚人のジレンマ・ゲームでは、2人の行動主体（囚人）が互いに協力すれば最小限の不利益（−1）に留めることができる。一方で、自分だけ利益を得ようとして、協力的な相手を裏切れば（非協力的な行動をとれば）、自分はわずかな利益（＋1）を得ることができるが、相手には大きな不利益（−5）が生じることになる。そこで、相手も自分だけ不利益（−5）を被るのでは納得することができないため、ともに非協力的な行動をとると、両者とも大きな不利益（−4）を被ることになる。

　こうした意思決定が繰り返される場合には、最終的に双方が協力的な行動をとる（「協力解」が選択される）ことが、ゲーム理論において示されている（フォークの定理）。日本では、短期的な効率性や利益のみならず、長期

表7.1 囚人のジレンマ・ゲームの例

囚人A (行動主体A)	囚人B (行動主体B) 協力的		非協力的	
	Aの利益	Bの利益	Aの利益	Bの利益
協力的	−1	−1	−5	+1
非協力的	+1	−5	−4	−4

的な観点からの利益（例えば、円滑な人間関係・組織間関係や、雇用の確保）を優先する傾向があるため、多くの場面においてフォークの定理に従った行動（協力解）が選択される。それだけでなく、短期的には相手だけが利益を得るような行動（泣き寝入り解）も見受けられる[7.4]。

次に、**表7.1**の「囚人のジレンマ・ゲーム」を基に、労使関係、とりわけストライキの問題を考察していくことにしよう。**表7.1**の両者（ここでは労働者と経営者）が、それぞれ協力的な行動と非協力的な行動をとった場合の組合せで、4つの解が考えられる。もし、両者がともに協力的な行動をとったならば、そのときが「協力解」となるが、これは多くの場合、双方が納得可能なレベルまで自分の主張を弱めることによって生じる解であるため、「妥協解」としての性格を有している。この「協力解」とは正反対の解が「対立解」（非協力解）であり、前節で述べたストライキはこれに相当する。これら2つの解は、正反対の関係にはあるが、双方が同じ行動をとるという点においてバランスがとれている（対称解）。

残りの2つの解は、どちらか一方が協力的な行動をとり、もう一方が非協力的な行動をとる「非対称解」である。この場合、非協力的な行動をとる方が得をし、協力的な行動をとる方が損をすることになり、後者にとっての「泣き寝入り解」となる。すなわち、両者にとって利益と不利益のバランスがとれていないのである。

そこで、労使交渉における「合意」という視点で、上記の4つの解を考えてみると、泣き寝入り解が存在しない場合、合意が得られる解は1つ（協力解）のみであるが、もし泣き寝入り解が存在する場合は合意が得られる解は

3つ（協力解と2つの泣き寝入り解）となる。日本の組織では、米国の組織に比較して、人間関係や組織間関係を重視する傾向があるため、こうした非対称解を選択する場面が多いように思われる。例えば、日本では、上司と部下、親企業と下請け企業において、このような関係が見られ、もちろん労使関係においても例外ではない。また、JITシステム（ジャスト・イン・タイム生産システム）についても、下請け企業の泣き寝入り解により支えられているといわれる。その是非は、日本と米国における個人の価値観や社会の慣習の違いにより、単純に結論づけることはできないが、ストライキをはじめとするさまざまなコンフリクトの回避という点に限定すれば、泣き寝入り解の存在により合意形成の可能な解を多く持つ日本の組織が優位性を発揮する。

こうした選択の背景には、ストライキという対立解によって不利益を被るのは顧客であり、それを何としても回避しようとする「顧客第一」の考え方があるのではないかと思われる。すなわち、日本ではストライキ（対立解）によって顧客が商品やサービスの提供を受けられないような事態を、できる限り回避しようとするのである。このような考え方が、戦後の日本企業における急速な成長の一要因となってきたのかもしれない。

参考文献

[7.1] 所正文：日本企業の人的資源，白桃書房，1992
[7.2] 高橋進：「労使関係管理」（尾関守監修『労務管理』，産能大学，1993）
[7.3] 猪木武徳，大橋勇雄：人と組織の経済学・入門，JICC出版局，1991
[7.4] 山下洋史：人的資源管理の理論と実際，東京経済情報出版，1996

第8章 労働意欲管理

　多くの有能なスペシャリストを採用し、かつ大規模な投資により最新の機械や設備を導入した上で、テーラーの科学的管理法を忠実に実践したとしても、企業がそれに見合った成果を生み出すとは限らない。いくら有能なスペシャリストであっても、企業や上司・同僚に対して不満を持って働いていたとすれば、高性能の機械・設備や科学的な管理方法の効果が低下してしまう。すなわち、従業員の心理・感情（ここでは、労働意欲）によって、労働の成果は大きく左右されるのである。それでは、高い賃金を支払えば、労働意欲が向上し、多くの労働成果が生み出されるのであろうか？

　その答えは、残念ながらNoである。従業員は賃金のためだけに働いているわけではなく、従業員の労働意欲を高める動機は、自我・自尊の欲求や、自己実現の欲求、また社会的欲求に依存し、人間関係論では社会的欲求を、行動科学では自己実現の欲求を、それぞれ重視している。

　本章では、労働意欲を捉える際の中心的視点となるモラール（士気・やる気）とモチベーション（動機づけ）、およびリーダーシップについて、人間関係論と行動科学に基づき検討していくことにする。

8.1　人間関係論

　人間関係論は、その名称から「人間関係に限定した理論」のように受け取られがちであるが、人間関係をその中心的視点に据えながらも、従業員の態度や感情等の心理的要素全般に注目した理論である。とりわけ、こうした心理的要素が、賃金や作業環境等の物理的要素よりも、仕事の成果に対して大きな影響を与えることを主張する点に特徴がある。すなわち、それまでテー

ラーの科学的管理法に従って物理的要素にばかりに目を向けてきたことに反省を促し、従来は軽視されていた心理的要素の重要性を、人間関係論が認識させたのである。その際、人間関係論が特に重視する研究視座は、従業員のモラールであり、このモラールに対して、公式集団（フォーマル・グループ）のみならず、非公式集団（インフォーマル・グループ）の行動規範が与える影響にも焦点を当てている。ただし、ここでいう公式集団は組織において公式に認められた係・課・部といった集団を意味し、非公式集団は自然発生的に生まれた「仲良しグループ」や「気の合った仲間」を意味する。

人間関係論の端緒は、有名な「ホーソン実験」にある。この実験は、米国ハーバード大学の研究グループにより、1924年から1932年にかけてシカゴのウェスタン・エレクトリック社のホーソン工場で行われ、照明実験（1924年～1928年）、リレー器組立作業実験（1927年～1932年）、面接実験（1928年～1930年）、バンク配線作業観察（1931年～1932年）から構成される。当初、工場内の照度を高めれば疲労は減少し、作業能率も向上するであろうという仮説に従って実験を進めた（照明実験）が、上記の仮説を実証することはできなかった。そこで、照明実験に引き続いて一連の実験を行い、そこから作業能率が作業環境の外的・物理的要因よりも、作業者の内的・心理的要因によって大きく左右されることを明らかにした。

その際、作業者の心理的要因と作業能率との間の媒介変数として「モラール」に注目し、このモラールに対して仲間同士の励まし合いに代表される非公式集団の行動が大きく貢献することを示した。このように、ホーソン実験の意義は、テーラーの科学的管理法が前提とするような物理的要因のみを重視する「経済人」ではなく、非公式集団の行動規範からもたらされる心理的要因がモラールに対して強い影響を与える「社会人」であることを示したところにある[8.1]。

こうして、ホーソン実験の成果から人間関係論が生まれ、職場での人間関係や従業員の心理・感情、特に非公式集団における協力・対立がモラールに与える影響を重視する枠組みが、企業にも導入されるようになった。これに

より、提案制度・社内報・職場懇談会・苦情処理制度・自己申告制・職場旅行等が企業に導入されるようになり、とりわけ日本企業に深く浸透していった。それは、人間関係論の生まれた米国よりも、これらの制度が日本の組織特性に適合するものであったからであろう。

　人間関係論は、1950年代前半まで急速な勢いで企業に浸透していったが、1960年代になると、少なくとも米国では衰退する結果となってしまった。それは、人間関係論に基づく諸制度が、労働者のモラールを高めるという意味では効果的であるが、モラールと生産性の相関が疑問視されるようになり、かつ非公式場面のみの強調と公式場面に対する取り組みの甘さというアンバランス[8.1]が指摘されるようになったからである。すなわち、人間関係や人間そのものの心理面を重視し、その意義をいくら強調しても、費用の論理と能率の論理に基づいて形成される企業が、人間の行動に対して与える影響を解明しきれない[8.2]との認識が広がっていったのである。

　こうして、人間関係論は、それ自体の持つ限界によって、新しい行動理論を待たねばならなくなり、そこに登場したのが、次節で述べる行動科学である。

8.2　行動科学の諸理論

　人間関係論が、モラールと生産性の相関への疑問や、非公式場面のみの強調という理論的アンバランスによって、その限界が指摘されるようになると、内発的動機づけによる自己実現（self-actualization）の欲求に主眼を置いた動機づけ理論、いわゆる行動科学（behavioral science）が新たに台頭した。

　この行動科学という名称は、米国フォード財団が資金援助を行った「行動科学計画」（Behavioral Science Program）に始まる。しかしながら、研究としての行動科学の草分けは、シカゴ大学の心理学者・社会学者・生物学者・数学者などが、社会科学と自然科学の融合により、人間行動に関する新たな総合科学をめざしたことにあるとされる。したがって、行動科学の特徴は、

文理融合型の学際的なアプローチにある。

以下では、行動科学の主要な理論として、マグレガーのＸ理論・Ｙ理論、マズローの欲求5段階説、ハーズバーグの動機づけ・衛生理論を紹介していくことにする。

(1) Ｘ理論・Ｙ理論

マグレガーは、自己実現の欲求に軸足を置いた自己統制の重要性に注目し、「Ｘ理論からＹ理論への変革」を提唱した。ここで、Ｘ理論は外発的動機づけ（経済人）の立場から人間行動を捉えており、内発的動機づけ（自己実現人）の立場から人間行動を捉えようとするＹ理論と対比される。Ｘ理論では、人間は本来なまけるもので、勤労意欲に欠け、自己中心的で、変化に抵抗するとされる。したがって、人間を働かせるためには罰が必要であり、強制して働かせなければならないとされる。

これに対して、Ｙ理論では、人間は自分自身を動機づけていくように事態を構造化する能力を持っており、自己の環境を効果的かつ創造的に処理したいという内発的動機づけを有しているとされる[8.2]。したがって、統制や罰だけが人間を働かせるための手段ではなく、自己の持つ能力を十分に発揮して責任のある仕事を立派に遂行すること自体が心理的報酬となるとされる。このように、Ｙ理論では、金銭的報酬のみならず、自己の内発的欲求を充足することも報酬（心理的報酬）となり、これが仕事を進める上での内発的動機づけとなると考えるのである。

(2) 欲求5段階説

マズローは、人間の欲求を5段階の階層で捉え、経営管理への応用を提唱した。これによれば、人間の欲求は**図8.1**のように分類される。ただし、これらの欲求は、並列的に存在するのではなく、階層構造を有し、人間は下から順に自己の欲求を満足しようとするとされる。例えば、第1段階の生理的欲求が充足されると、第2段階の安全・安定の欲求を充足しようとし、順次

より高次の欲求へと上昇していく。すなわち、低次の欲求が充足されると、それよりも１つ上位の欲求が顕在化し、最終的には最高次の欲求（自己実現の欲求）へと向かうのである。

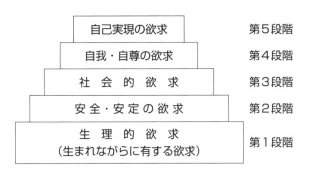

図8.1　マズローの欲求５段階説

生理的欲求：飲食・睡眠・排せつ等、最も基本的な欲求であり、人間が生きていくために必要な最低限の欲求である。５段階の欲求の中で最も低次の欲求とされる。

安全・安定の欲求：人間の基本生活を維持するための欲求であり、２つの側面を有している[8.3]。その１つは身体的危険から身を守り、安全を得ようとする欲求（安全の欲求）であり、もう１つは自己の経済的な安定を維持しようとする欲求（安定の欲求）である。

社会的欲求：自己の所属する組織や集団において、重要な構成メンバーとしての役割を果たし、良好な対人関係を得ようとする欲求である。人間関係論はこの欲求を重視するところに特徴がある。

自我・自尊の欲求：高い地位・評価・名声等、他人から承認されたい、また自信を持ちたいという自尊心に基づく欲求である。

自己実現の欲求：自己の能力や可能性を十分に発揮して、責任の重い仕事

や社会的に意義のある仕事を担うことにより、自己をより成長させたい、そして他人に貢献したいと考える欲求である。5段階の欲求において最も高次の欲求であり、行動科学ではこの欲求を重視するところに特徴がある。

　行動科学では、上記のような5段階の欲求において、「自我・自尊の欲求」以上の欲求（高次の欲求）に焦点を当てているが、アージリスは「安全・安定の欲求」以下を一次的欲求、「社会的欲求」以上を二次的欲求と呼んでいる。後者の二次的欲求、特に自己実現の欲求が内発的動機づけとなって、自発的に働く意欲が生まれると考えるのである。

（3）動機づけ・衛生理論

　ハーズバーグ[8.4]は、マズローの欲求5段階説を基礎にして、人間の動機を2つに分類した。その1つが動機づけ要因（motivational factors もしくは motivators）であり、それが充足されると職務満足をもたらすが、それが充足されないからといって必ずしも不満を起こすわけではない。もう1つの要因は、衛生要因（hygiene factors もしくは hygienes）であり、それが充足しても不満を防ぐだけで、職務満足には至らない。しかしながら、それが充足されないと不満を起こすことになる。

　ハーズバーグ[8.4]の動機づけ・衛生理論における最大の特徴は、このように職務満足と不満を別次元[8.2]として捉えたところにある。上記の衛生要因（不満要因）は、マズローの欲求5段階説における社会的欲求以下（ただし、社会的欲求の中の愛情欲求は動機づけ要因に含まれる）の欲求に対応し、企業の経営政策・作業環境・給与・監督・対人関係等の要因がこれに相当する。一方、動機づけ要因（満足要因）は、達成・承認・仕事そのもの・責任・昇進・成長等、高次の欲求に対応づけられる要因である。

　ここで、動機づけ・衛生理論が、給与を衛生要因として位置づけている点は、注目すべきところである。給与が上昇すれば、それが動機づけとなって

職務満足を生み出し、給与が減少すると不満が生じるという従来の1次元的な捉え方に対して警鐘を発し、給与は不満要因（衛生要因）にすぎないことを指摘したのである。

一方、ハーズバーグが衛生要因として位置づけた対人関係が、日本では動機づけ要因となるという指摘も多く、村杉ら[8.5]は日本において対人関係が動機づけ要因となるか、衛生要因となるかについて、次のような点を指摘している。

① インフォーマルな対人関係のほとんどが、同僚との関係であり、これは概ね動機づけとなる。
② フォーマルな同僚との対人関係は、男性にとって動機づけ要因であるが、女性にとっては若年層で衛生要因（ただし、中高年層では動機づけ要因）となる傾向がある。
③ フォーマルな上役との対人関係は、衛生要因である。

動機づけ・衛生理論によれば、低賃金・長時間労働や、好ましくない作業環境は不満の要因となり、これらを改善すれば、不満を解消することができるが、職務満足や労働意欲に結びつくとは限らないとされる。一方で、昇進・昇格・仕事の達成感といった動機づけ要因は職務満足をもたらし、それが実現しないとしても、直接的に不満に陥るわけではないとされる[8.6]。

8.3 リーダーシップの理論

リーダーシップとは、集団を維持し、その目標を達成するために、リーダーが集団の成員に対して働きかける影響力であり、従来より多くの研究が展開されている。例えば、レヴィンはリーダーシップを「権威型」「放任型」「民主型」に類型化し、これらと集団の行動との関係について分析した。

レヴィンによれば、権威型の場合、成員の自発性が乏しいため、リーダーに対する依存度が強く、成員間の協力が弱くなるとされる。一方、放任型の

場合、成員は自由な行動をとることができるが、目標達成に集中せず、遊びの会話も多くなる。これに対して、民主型の場合は、成員間およびリーダーとの関係が友好的かつ協力的であり、成員は自己の責任を自覚して自発的に仕事を進めることができる。レヴィンは、こうして民主型のリーダーの優位性を指摘したが、その後、リーダーシップを1次元的に捉えることには限界があるという批判が生まれた。

　そこで、現在のリーダーシップ論は、マネジリアル・グリッドや、PM理論のように、リーダーシップを2次元（仕事志向と人間関係志向）の組合せで捉える枠組みが主流となっている。マネジリアル・グリッドでは、業績に対する関心の程度と人間に対する関心の程度を、それぞれ1（最低）から9（最高）の9段階によって表し、(9,9)型を理想のリーダーシップとしている。また、(1,1)型を無責任型、(1,9)型を人間中心型、(9,1)型を仕事中心型、(5,5)型をバランス型として、それぞれ位置づけている。

　一方、PM理論ではリーダーシップを、目標達成機能（P機能：performance）と集団維持機能（M機能：maintenance）により捉え、これらの組合せでリーダーシップを4つに分類している。その際、目標達成機能の大・小をそれぞれ記号のPとp（大文字と小文字）で、また集団維持機能の大・小をMとmで表している。こうした4分類の中で、最も好ましいリーダーシップは、当然のことながらPM型であり、次いでPm型→pM型→pm型の順となる。ここで、Pm型はPM型に次いで生産性が高いが、職場の人間関係に問題点が残る点に注意を要する。

参考文献

[8.1] 宮本日出雄:「人間関係論と行動科学」(尾関守監修『労務管理』, 産能大学, 1992)

[8.2] 所正文:日本企業の人的資源, 白桃書房, 1992

[8.3] 高橋進:「労働意欲の管理」(尾関守編著『企業行動と経営工学』, 中央経済社, 1992)

[8.4] Herzberg, F.: *Work and The Nature of Man*, World, 1966 (北野利信訳:仕事と人間性, 東洋経済新報社, 1968)

[8.5] 村杉健, 大橋岩男, 羽石寛寿, 地代憲弘:"動機づけ衛生理論の対人関係因子", 日本経営工学会誌, Vol.33, No.2, pp.148-153, 1982

[8.6] 山下洋史:人的資源管理の理論と実際, 東京経済情報出版, 1996

第2部 発展編

第9章 組織活性化のカタストロフィー・モデル

　日本では、「組織活性化」に対する関心が高く、これに関する多くのセミナーが開かれている。しかしながら、いざ「組織活性化とは何か？」と問われると、それは明確に答えることの難しいあいまいな概念で、組織開発の分野で日本にある考え方や技法などをすべて包括しているといわれる[9.1]。

　こうした問題意識に基づき、高橋[9.2]はバーナード組織論の枠組みの中で組織活性化を定義することを試みており、活性化された組織とそうでない組織のメンバーを視覚的に記述すべく、I-I chart（Identification-Indifference chart[9.3]）を提案している。

　本章では、上記のI-I chartに基づき、「どのような学習が組織活性化に必要であるか？」を検討した上で、I-I chartの非対称性[9.2]を、くさびのカタストロフィーによって記述する山下[9.4]の概念モデルを紹介し、くさびのカタストロフィー曲面上で組織におけるメンバーの活性化プロセスを記述する。これにより、無関心度指数（分裂要因）が低い場合、一体化度指数（平常要因）の高低によって組織に対する貢献度に大きな差異が生じるが、無関心度指数が高い場合は一体化度指数の高低による貢献度の差異が小さいというI-I chartの非対称性[9.3]を視覚的に表すことにする。また、組織を構成するメンバーの学習の方向性によって、それが活性化をもたらし「問題解決者型」となる場合と、迷信的学習となって高橋のいう「非貢献者型」のメンバーに陥ってしまう場合を、それぞれくさびのカタストロフィー曲面上で記述する。

9.1　組織活性化とは

　日本人は、「活性化」という言葉を好んで用いる傾向があり、例えば企業では「職場の活性化」「改善提案活動の活性化」「QCサークルの活性化」等、大学では「授業の活性化」「ゼミの活性化」「サークル活動の活性化」等を頻繁に耳にする。しかしながら、前述のように「組織活性化」あるいは「組織におけるメンバーの活性化」は、これまであいまいな概念であったため、新たな理論的定義が望まれていた。

　そこで、高橋[9.3]はバーナード[9.5]による組織成立の必要十分条件を満たすような組織にすることを組織活性化と考え、組織の活性化された状態（activated state）を、組織のメンバーが、

①相互に意思を伝達し合いながら
②組織と共有している目的・価値を
③能動的に実現していこうとする

状態として定義している。

　これによれば、バーナード組織論の枠組みの中で組織活性化（正確には、組織におけるメンバーの活性化）の問題を議論することができる。①〜③の条件の中で、①の条件はどのような組織においても必ず満足する特性であるため、高橋[9.3]は②と③の条件に注目し、②組織と目的・価値を共有している程度として一体化度指数を、また③能動的に思考している程度として無関心度指数を、それぞれ設定している。その上で、これら（無関心度指数と一体化度指数）を2軸にとり、**図9.1**のI-I chart上で、組織のメンバーの特性を記述している。

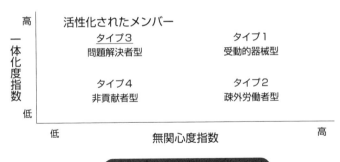

図9.1 高橋[9.3]のI-I chart

　図9.1において、活性化された組織は、無関心度指数が低く一体化度指数が高いタイプ3のメンバーが多い組織であり、タイプ1は組織の命令に忠実であるが、あまり自分から能動的に行動しようとしないメンバーである。また、タイプ2は目的・価値の点では組織と一線を画しているが、行動の点では命令に従う公務員タイプである。さらに、タイプ4は組織的な行動を期待することのできないタイプであり、日本の組織には少ない[9.3]とされる。

　一方、無関心度指数が低いタイプは、自ら問題を見つけ解決しようとするため、ネットワーク組織（あるいはマトリクス組織）が可能であるが、これが高いタイプは上からの指示・命令がないと仕事が進まないため、垂直的なヒエラルキー・コントロールの組織が要求される。また、一体化度指数が高いタイプは局所最適化の行動に陥りにくいため、計画機能を権限委譲することが可能であり、これが低いタイプに対しては権限委譲が困難である。

9.2　学習の二面性と組織活性化

　図9.1のI-I chart[9.3]において、活性化されたメンバーはタイプ3であることから、タイプ3以外のメンバーがタイプ3へとシフトすることを、組織における「メンバーの活性化」として位置づけることができる。その際、「何によってタイプ3へのシフトを実現させるか？」が課題となる。こうした課

題(メンバーの活性化)に関しては、従来より多くの理論的考察や実務的方法が議論されているが、それらに共通することは、メンバーの学習が必要であるということである。

一方、山下[9.6]-[9.9]は、組織を舞台としたメンバーの学習(「組織学習」とは異なる点に注意を要する)に注目し、スペシャリストとしての能力向上のための専門的学習(λ学習)と、職場でのTQC(総合的品質管理)やVA(価値分析)に代表されるように、組織全体の目的・価値を共有するための幅広い参加的学習(θ学習)といった「学習の二面性」を指摘している。さらに、上記のλ学習とθ学習によるパフォーマンスの変化を捉えるための概念モデルを提案し、簡単な数値例によるシミュレーションを行った結果、次のことを確認している。

① 部門(個人)最適方向ベクトルと企業最適方向ベクトルのなす角度ϕが小さい場合は、λ学習に対する注意の配分を大きくすべきである。
② 上記のϕが大きい場合は、λ学習とθ学習のバランスのとれた学習が必要である。特に、θ学習への注意の配分が小さいと、時間の経過にともないパフォーマンスが低下する「迷信的学習」(局所最適化に相当する)が生じる。

そこで、「組織活性化にはメンバーの学習が必要である」との基本的考え方に基づき、上記のような学習の二面性と、I-I chart上でのメンバーの活性化(タイプ3へのシフト)の方向性を対応づけると、次のような関係を指摘することができる[9.7]。

1) タイプ1の活性化

λ学習によって担当業務に対する関心を高めることが必要である。そうすることによって、無関心度指数が低くなり、タイプ1からタイプ3へのシフトが実現される。

2) タイプ2の活性化

λ学習によって担当業務に対する関心を高めると同時に、学習の二面性の概念モデル[9.6]における前述のϕが大きい場合に相当するため、θ学習によって組織全体の目的・価値を共有することが必要である。したがって、λ学習とθ学習に対するバランスのとれた学習が求められ、これにより無関心度指数を低く、一体化度指数を高くすることで、タイプ2からタイプ3へのシフトが実現される。ただし、θ学習に対する注意の配分が小さいとタイプ4に陥ってしまう（迷信的学習）。

3) タイプ4の活性化

θ学習によって組織全体の目的・価値を共有することが必要である。これにより、一体化度指数が高まり、タイプ4からタイプ3へのシフトが実現される。その際に、組織に対する貢献度が急激に上昇（ジャンプ）することを、ここでは強調しておきたい。

9.3 組織活性化のカタストロフィー・モデル

I-I chartの重要な特徴が、下記の「非対称性」にあることは、高橋自身[9.3]も指摘しているところである。すなわち、無関心度指数は単に低ければ良いというわけではなく、活性化されたメンバー（タイプ3）の隣に、無関心度指数は低くても、組織に対する貢献度の最も低いメンバー（タイプ4）が位置するという「非対称性」である。したがって、一体化度指数が低い場合は、無関心度指数は低いと、かえって組織に対する貢献度が低下しまうことになる。

I-I chart上に示される4つのタイプの「貢献度」を相対的に比較すると、タイプ3が最も高く、次いでタイプ1→タイプ2→タイプ4の順となる。そこで、山下[9.4]は、I-I chartの平面に直交するように、組織に対する「貢献度」の軸を設定し、これを一体化度指数と無関心度指数により記述する3次元の図（組織活性化のカタストロフィー・モデル）を提案している。

その際、貢献度指数は一体化度指数に対して単調増加であるが、無関心度指数に対しては増加する場合（一体化度指数が小さい場合）と減少する場合（一体化度指数が大きい場合）に分裂することに注意を要する。さらに、無関心度指数が低い場合、一体化度指数の高低によって貢献度指数に大きな差異が生じるが、無関心度指数が高い場合は一体化度指数の高低による貢献度指数の差異が相対的に小さい。こうした特性（非対称性）は、**図9.2**の「くさびのカタストロフィー」における平常要因uを一体化度指数に、分裂要因vを無関心度指数に、状態変数yを組織に対する貢献度に、それぞれ位置づけることにより記述される。

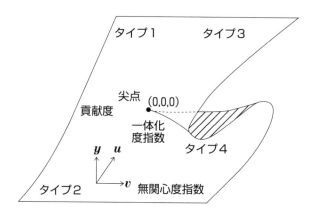

図9.2　組織におけるメンバーの活性化のカタストロフィー・モデル[9.4]

図9.2を見ると、活性化されたメンバー（タイプ3）の隣に、組織に対する貢献度が最も低い非貢献者型のメンバー（タイプ4）が位置しており、I-I chartの非対称性が3次元のカタストロフィー曲面上に表れていることがわかる。くさびのカタストロフィーは、カタストロフィー理論における7つの初等カタストロフィーの中で最も広く知られており[9.11]、社会における非連続の現象を捉える際にしばしば用いられる（例えば、[9.12]-[9.14]）。次

節では、こうした「くさびのカタストロフィー・モデル」（**図9.2**）を基に、メンバーの活性化に関するいくつかの示唆[9.15]について解説していくことにする。

9.3　カタストロフィー・モデルによるメンバーの活性化の示唆

図9.2のカタストロフィー・モデルは、組織におけるメンバーの活性化に関して、我々にいくつかの示唆を与えてくれる。

まず第1に、無関心度指数が高い場合には、一体化度指数（平常要因）の増加とともに貢献度指数は緩やかに連続的に増加することがわかる。こうしたメンバーは、無関心圏が大きいために、組織と目的・価値を共有していても（一体化度指数が高くても）、さほど高い貢献度を期待することはできないが、一体化度指数が低くても組織の命令には従うため、その間での貢献度の差異は小さいのである。

これに対して、無関心度指数が低い場合は、一体化度指数が高いと活性化された状態となって高い貢献度を示し、一体化度指数が低いと「非貢献者型」に陥ってしまう。したがって、一体化度指数の高低による貢献度の差異が大きい。

次に、第2の特徴を捉えるために、**図9.2**において「くさび」の形をした折り目の曲線に注目することにしよう。この曲線は、カスプ（くさび）曲線と呼ばれる。カスプ曲線は、一体化度指数$u=0$かつ無関心度指数$v=0$の点で交わり、この交点は（カスプの）尖点と呼ばれる。ここで、**図9.2**の尖点よりも右の領域、すなわち無関心度指数が低い（分裂要因が大きい）領域で、一体化度指数が高い位置（活性化されたメンバーの位置）から次第に低くなっていく場合に注目すると、**図9.2**における手前のカスプ曲線との交点で上のアトラクタから下のアトラクタ（非貢献者型）に落下するため、貢献度が非連続の動きをする[9.15]。組織のメンバーが活性化された状態から、何らかの理由で一体化度指数が低下していったとき、ある時点で急激に貢献

度指数が低くなって、非貢献者型（タイプ4）へと落下してしまうのである。これは、貢献度の高い活性化された社員の意識が会社から離れていったときに、ある日突然、転職するといった行動を示唆している。また、活性化された社員が重要なポストから外されたときに、会社への帰属意識が薄れ、非貢献者となって会社の悪口を言いふらすという行動も、これに相当する。

　第3の特徴は、組織のメンバーが活性化された状態（タイプ3の問題解決者型）から非貢献者型（タイプ4）へと落下（ジャンプ）するタイミングが$u=0$（尖点のu座標）ではなく、そこから少し遅れて図9.2の手前のカスプ曲線との交点となることである。これとは反対に、非貢献者型が一体化度指数を高めていって活性化される場合も、同様に$u=0$から少し遅れて奥のカスプ曲線との交点でジャンプを起こすことになり、こうした現象は「遅れの規約」と呼ばれる。すなわち、尖点よりも左側（無関心度指数vが高い領域）では、平常要因が$u>0$から減少していって$u<0$になると同時に状態変数yも負になるのに対して、尖点よりも右（無関心度指数vが低い領域）では、平常要因uが負になっても少しの間、状態変数yは正で「持ちこたえ」て、カスプ曲線を越えると同時に負となる。しかしながら、このときジャンプ（非連続現象）を起こし、状態変数は急激に低下する。遅れの規約は、活性化された従業員が非貢献者へとジャンプ（落下）するとき、また非貢献者が活性化された状態へとジャンプするとき、平常要因のより大きな変化を必要とすることを示しており、これらは現実に即した示唆であろう。

　第4に、タイプ2のメンバー（疎外労働者型）の活性化プロセスにおいて、カスプ曲線と交わらないようにタイプ3にシフトすべき、すなわち尖点よりも上を通ってタイプ3に向かうべきことが示唆される。なぜなら、尖点よりも下の領域を通るとタイプ4（非貢献者型）に陥ってしまうからである。タイプ2のメンバーがタイプ3へのシフトを図る際には、一体化度指数を高め、無関心度指数を低めることが必要であるが、その際にまず一体化度指数を高め、その後に無関心度指数を低めるべきなのである。ここで、**9.2節**で述べたように、無関心度指数を低めるためには専門的学習が、また一体化度指数

を高めるためには幅広い参加的学習が、それぞれ必要であることをふまえれば、まず幅広い参加的学習に対する注意の配分を大きくし、その後、専門的学習に対する注意の配分を大きくすべきであるという学習の順序[9.15]が示唆される。これとは反対に、もし最初から専門的学習に対する注意の配分が大きいと、学習の経過にともないパフォーマンスが低下する「迷信的学習」の結果となってしまう。

このように、**図9.2**のモデルは、I-I chart[9.3]の非対称性をくさびのカタストロフィー曲面上に記述するだけでなく、組織活性化の過程で我々が経験的に感じている現実の問題を把握し、解決するための豊富な示唆を与えてくれる。こうした示唆を、本章の最後に整理すると、下記のようになる。

①無関心度指数が高い場合には、一体化度指数の増加とともに貢献度指数は緩やかに連続的に増加するが、これが低いときは一体化度指数の高低による貢献度の差異が大きい。
②無関心度指数が低い場合、一体化度指数の変化によって、貢献度指数が非連続の動きをする(急激に上昇・下降するというジャンプ)。
③上記の急激な上昇・下降(ジャンプ)が生じる一体化度指数の位置は、くさびの尖点の位置よりも少し遅れる(遅れの規約)。
④無関心度指数が高く一体化度指数が低いメンバー(タイプ2の疎外労働者型)の活性化には、まず幅広い参加的学習に対する注意の配分を大きくし、その後に専門的学習に対する注意の配分を大きくすることが求められる。反対に、最初から専門的学習に対する注意の配分を大きくすると、それが「迷信的学習」となって、局所最適化の行動に陥ってしまう。

参考文献

[9.1] 馬場房子：「組織の活性化」（森五郎編『労務管理論』, 有斐閣, 1989）

[9.2] Takahashi, N.: "An Evaluation of Organizational Activation", *The International Journal of Management Science*, Vol.20, pp.149-159, 1992

[9.3] 高橋伸夫：組織の中の決定理論, 朝倉書店, 1993

[9.4] 山下洋史："カタストロフィー理論を用いた組織活性化の概念モデル", 日本経営工学会春季大会予稿集, pp.149-150, 1995

[9.5] Barnard, C.I.著, 山本安次郎, 田杉競, 飯野春樹訳：新訳 経営者の役割, ダイヤモンド社, 1968

[9.6] 山下洋史, 尾関守："組織における学習の二面性に関する研究", 日本経営工学誌, Vol.45, No.3, pp.246-251, 1994

[9.7] 山下洋史："組織における学習と活性化の関係", 日本経営システム学会誌, Vol.11, No.2, pp.49-54, 1994

[9.8] 山下洋史, 尾関守："組織における学習の二面性と注意の配分", 日本経営工学会秋季研究発表大会予稿集, pp.249-250, 1993

[9.9] 山下洋史："学習速度を考慮した組織学習の二面性の分析モデル", 山梨学院短期大学研究紀要, No.14, pp.123-127, 1994

[9.10] 青木昌彦：日本企業の組織と情報, 東洋経済新報社, 1989

[9.11] 野口広：経営のカタストロフィー理論, PHP研究所, 1982

[9.12] 尾関守, 大野高裕, 奥井規晶, 松丸正延："カタストロフィー理論を用いた企業モデル", 日本経営工学会春季大会予稿集, pp.199-200, 1985

[9.13] 大野高裕, 尾関守："カスプ曲線の設定による倒産判別分析", 日本経営工学会春季大会予稿集, pp.45-46, 1986

[9.14] 大野高裕, 尾関守："カタストロフィーによる倒産分析の統合", 日本経営工学会春季大会予稿集, pp.47-48, 1986

[9.15] 山下洋史：人的資源管理の理論と実際, 東京経済情報出版, 1996

第10章 コミュニケーション・ネットワーク

組織においてコミュニケーションの果たす役割は大きく、前章で述べたように、バーナード[10.1]の組織成立の必要十分条件でも、その条件の1つとしてコミュニケーションを挙げている。さらに、こうしたコミュニケーションによって構成されるネットワーク、すなわちコミュニケーション・ネットワークは、組織におけるメンバー間での情報共有の基盤となる。

そこで、本章ではこうしたコミュニケーション・ネットワークの問題に焦点を当て、山下らの先行研究[10.2]-[10.6]に基づき、

①コミュニケーション・ネットワークの概念的記述
②ネットワーク内の情報の分布
③ネットワークの情報エントロピー
④自己ループによる情報の停滞のモデル化
⑤ゲートキーパーの役割

について論じていくことにする。

10.1 コミュニケーションとコミュニケーション・ネットワーク

ここでは、コミュニケーション・ネットワークの問題を論じる際の基礎となる集団のコミュニケーションとその構造について、狩野[10.7]とリービット[10.8]の先行研究を基に概説していくことにする。

狩野[10.7]は、コミュニケーションを集団内での相互作用における最も重要な過程の一つとして位置づけた上で、集団内の相互作用のほとんどはコミュニケーションを通じて行われるとしている。さらに、集団におけるコミュ

ニケーション構造に注目し、そこでのコミュニケーションは、集団の特質に対応した構造となることを指摘している。例えば、**図10.1**の「ホイール型」のように中心性（中心となるメンバーの役割の大きさ）の高いコミュニケーション構造では、一般にリーダーを中心とした中央集権的なコミュニケーション・ネットワークが形成される。逆に、中心性の低い「サークル型」のようなコミュニケーション構造では、明確なリーダーは現れずに自律分散型のコミュニケーション・ネットワークが形成される。

一方、コミュニケーション・ネットワークの特性を実験によって把握しようとする試みが多くの研究においてなされており、こうした研究の草分けがリービット[10.8]のコミュニケーション・ネットワーク実験である。リービットは、下図のような4種類のコミュニケーション・ネットワークを設定し、それぞれのネットワークにおいてメンバーに与えた課題が、どのように遂行されるかについて分析している。

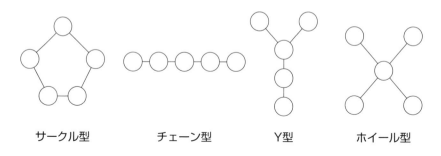

サークル型　　　チェーン型　　　Y型　　　ホイール型

図10.1　リービットの研究[10.8]で用いたコミュニケーション・ネットワーク

上記の実験において、リービット[10.8]はコミュニケーション・ネットワークの中心性に注目し、この中心性と作業量・誤り・リーダーの出現・不満との関係を分析している。その結果、ホイール型のように中心性の高いコミュニケーション・ネットワークでは、誤りが少ないが、作業量も少なく、その一方で明確なリーダーが現れるが、集団の周辺者に不満が多くなることを

指摘している。

こうしたリービットの研究を基礎として、その後もコンパクトな実験によるコミュニケーション・ネットワーク研究が数多く行われている（例えば[10.3]-[10.6]，[10.8]-[10.11]）が、これらのコンパクトな実験と現実の複雑なコミュニケーションとの間には、当然のことながら大きな差異があり、そこには克服すべき課題も多い。

10.2　コミュニケーション・ネットワークの概念的記述

組織内の複数の部門間あるいはメンバー間のコミュニケーションによって構成されるシステムを、山下[10.2]はコミュニケーション・ネットワークとして位置づけ、これを集合Xと実像Γにより、$N = \{X ; \Gamma\}$で表している。ただし、$X = \{x_1, x_2, \cdots, x_i, \cdots, x_n\}$は$n$個の部門あるいは$n$人のメンバーの集合であり、添え字$i$は、組織における部・課・係あるいは個人を意味する（以下、簡単のために単に「メンバー」と呼ぶことにする）。

ここで、X^2（Xの直積空間）上での可能なコミュニケーションを写像Γで表せば、メンバーx_iとx_jの間でコミュニケーションが可能なとき、かつそのときに限り、$(x_i, x_j) \in \Gamma$となる。さらに、山下[10.2]は有価グラフ$N' = \{X' ; \Gamma\}$を考え、このグラフにおける弧(x_i, x_j)の価値を、x_iからx_jへの情報伝達確率p_{ij}としている。

次に、弧（ここでは、コミュニケーション）のない組の場合は、$p_{ij} = 0$としてp_{ij}を一般化すれば、p_{ij}は(10.1)と(10.2)式のように表され、このp_{ij}を要素とする行列$P = (p_{ij})$は通信路行列あるいは推移確率行列と呼ばれる。

$$p_{ij} \geqq 0 \tag{10.1}$$

$$\sum_{j=1}^{n} p_{ij} = 1 \tag{10.2}$$

10.3 ネットワーク内の情報の分布

ここでは、コミュニケーション・ネットワークを構成する各メンバーx_iにどれだけの確率で情報が集まるか、言い換えれば、各時点tにおいてどれだけの確率でx_iが情報を所有するかという情報の分布を定量的に捉えることを試みる。ただし、各メンバーx_iが、情報を伝達した後は、その情報が記憶として残らない「無記憶通信路」を考えることにし、通信路行列$\boldsymbol{P} = (p_{ij})$と初期状態ベクトル$\boldsymbol{a} = (a_i)$は与えられているものとする。

そこで、無限にコミュニケーションを繰り返したとき($t \to \infty$)、情報の分布がどうなるかを、(10.3)式のような確率ベクトル$\boldsymbol{w} = (w_i)$で表すことにし、これを「定常分布ベクトル」と呼ぶことにする。

$$\boldsymbol{w} = \lim_{t \to \infty} \boldsymbol{a} \cdot \boldsymbol{P}^t \tag{10.3}$$

ただし、$\boldsymbol{w} = (w_1, w_2, ..., w_i, ..., w_n)$
$\boldsymbol{a} = (a_1, a_2, ..., a_i, ..., a_n)$

(10.3)式は、コミュニケーションを無限に繰り返したときに、各メンバーx_iが情報を所有する確率を示しており、これにより$t \to \infty$におけるネットワーク内の情報の分布を定量的に把握することができる。この確率w_iが大きいメンバーほど、多くの情報が集まる重要なメンバーを意味する。

上記のことを、コミュニケーション・ネットワークの構造という面から考えてみると、通信路行列$\boldsymbol{P} = (p_{ij})$が、メンバー$x_i$と$x_j$の組合せによって行列で記述されているのに対し、定常分布ベクトル$\boldsymbol{w}$は、ベクトルによって記述されることがわかる。すなわち、定常分布ベクトル$\boldsymbol{w}$は、通信路行列$\boldsymbol{P}$の情報を圧縮することにより、コミュニケーション・ネットワークの構造を簡素化して記述したベクトルとして位置づけることができるのである。

この定常分布ベクトル$\boldsymbol{w}$は、周期性を持たない（非周期的な）ネットワ

ークの場合に収束するが、周期的なネットワークの場合は収束しないため、非周期的な場合と周期的な場合に分けて考える必要がある。

1）非周期的な場合

周期性を持たない（非周期的な）無記憶通信路のコミュニケーション・ネットワークでは、マルコフ連鎖の性質から導かれるように、定常分布ベクトルwは収束し、(10.4)式を満たすことになる。

$$w \cdot P = w \tag{10.4}$$

したがって、(10.4)式の方程式を解くことにより、定常分布ベクトルを求めることができる。このとき、(10.3)式の行列P^tも収束し、その収束した行列を(10.5)式のようにP^*で表せば、P^*の各行はすべて等しく、定常分布ベクトルwを縦に並べた行列となる。

$$P^* = \lim_{t \to \infty} P^t \tag{10.5}$$

このように、非周期的な場合には定常分布ベクトルwは(10.4)式を満足し、これを下記の方程式へと変換することができる。

$$w \cdot P - w = \mathbf{0}(零ベクトル) \tag{10.6}$$

$$w \cdot P - w \cdot E = w \cdot (P - E) = \mathbf{0} \tag{10.7}$$

ただし、E：単位行列

ここで、λを1とおくと、(10.8)式のような固有値問題に帰着する。

$$w \cdot (P - E) = w \cdot (P - \lambda \cdot E) = \mathbf{0} \tag{10.8}$$

したがって、もし固有方程式$|P^T - \lambda \cdot E| = 0$（$P^T$は$P$の転置行列）の固有値$\lambda$が、$\lambda = 1$の解を持つならば（通信路行列の場合、各行の和が1なので、$\lambda = 1$の解が保証される）、(10.8)式を満足するベクトル（固有ベクトル）が、定常分布ベクトルwの転置ベクトルw^Tとなる。

2）周期的な場合

周期的な場合は、定常分布ベクトルwが収束しないため、周期dでの確率ベクトル$q(t)$の各要素$q_i(t)$の平均をとることにより、情報の分布を捉え、定常分布ベクトルを代替することになる。すなわち、(10.9)式によって定常分布ベクトルwの各要素w_iを代替するのである。

$$w_i = \sum_{t=1}^{d} q_i(t)/d \tag{10.9}$$

$$\text{ただし、} q(t) = a \cdot P^t \tag{10.10}$$

10.4　ネットワークの情報エントロピー

定常分布ベクトルwは、通信路行列Pを圧縮して、コミュニケーション・ネットワークの構造を簡素化して記述することを可能にするが、ここでは、さらにこれを簡素化して、スカラーによって記述することを考える。

一般に、確率ベクトルが与えられたとき、それを情報量へとスカラー化する際に、情報エントロピー（シャノン・エントロピー）が広く用いられる。この情報エントロピーは、(10.11)式によって表され、情報が人間の直面する不確実性を低下させる量（情報量）を示している。

$$E = -\sum_{i=1}^{n} p_i \cdot \log p_i \tag{10.11}$$

これを、本章の通信路行列Pに当てはめると、(10.12)式のようにメンバーx_iごとの情報エントロピーE_iとなる。

$$E_i = -\sum_{j=1}^{n} p_{ij} \cdot \log p_{ij} \tag{10.12}$$

さらに、(10.12)式の情報エントロピーE_iを、定常分布ベクトルwの要素

w_iによって重みづけすれば、ネットワーク全体の情報エントロピーHは(10.13)式のようになる。

$$H = \sum_{i=1}^{n} w_i \cdot E_i = -\sum_{i=1}^{n} w_i \cdot \sum_{j=1}^{n} p_{ij} \cdot \log p_{ij} \tag{10.13}$$

(10.13)式は、定常分布ベクトルを入力確率として位置づけた場合の「条件つきエントロピーの重みつき平均」となっており、メンバーx_iの所有する情報がどのメンバーx_jに伝達されるかという通信路のあいまいさを、定常分布ベクトル$\boldsymbol{w}$の要素w_iで重みづけした平均を示している。これにより、コミュニケーション・ネットワークの構造を、スカラーへと簡素化して記述することができるのである。

(10.13)式の値が大きい場合は、コミュニケーション・ネットワークを構成するメンバー間での情報の偏りが小さく、逆にこの値が小さい場合は、特定のメンバーに情報が偏ったリスクの大きいネットワークであることを示している。

10.5　自己ループによる情報の停滞のモデル化

コミュニケーション・ネットワークを構成するメンバーx_iは、コミュニケーションによって得た情報を処理し、それを他のメンバーx_jに伝達しているが、こうした情報を処理しきれないことや情報伝達を忘れることがあり、そのときには情報が停滞する。このような場合、1時点後も情報がメンバーx_iに停滞することになるため、これ（情報の停滞）を、メンバーx_iからメンバーx_iへの「自己ループ」として位置づけることができる。

こうした自己ループの確率は、通信路行列$\boldsymbol{P}$の対角要素p_{ii}に相当し、メンバーx_iにおける情報の停滞は、

$$p_{ii} > 0 \tag{10.19}$$

を意味する。したがって、情報の停滞は、相対的に定常分布ベクトルwにおけるメンバーx_iの要素w_iの値を大きくし、またネットワーク全体の情報エントロピーE（条件つきエントロピーの重みつき平均）についても大きくするため、前述の「w_iの値が大きいメンバーx_iほど、多くの情報が集まる重要なメンバー」「Eの値が大きい場合は、メンバー間の情報の偏りが小さくリスクの小さいネットワーク」という解釈を阻害することなる。この場合、自己ループのあるメンバーx_iが情報を処理しきれずに、その情報がx_iに残ってしまい、かつこうした情報の停滞により通信路行列の対角要素p_{ii}がゼロでなくなったために、ネットワーク全体の情報エントロピーEが大きくなってしまったのであり、メンバーx_iの持つ役割の大きさによって、x_iに情報が集中したわけではないことに注意を要する。

ただし、自己ループ（情報の停滞）のあるコミュニケーション・ネットワークでは、メンバーの学習によって情報が停滞するメンバーへの情報伝達確率が減少し、時間の経過とともに、自己ループのあるメンバーx_iにおける定常分布ベクトルwの要素w_iの値と、ネットワーク全体の情報エントロピーEの値が小さくなっていくことが予想される。

このように、自己ループのある場合とない場合では、定常分布ベクトルwとネットワーク全体の情報エントロピーEに関する値の大きさの解釈が異なるのである。

10.6　ゲートキーパーの役割

ここまでは、定量的アプローチにより、コミュニケーション・ネットワークの特性を論じてきたが、現実の複雑なコミュニケーションの問題を考える際に、ゲートキーパーに注目した定性的アプローチも、我々に豊富な示唆を与えてくれる。なぜなら、ゲートキーパーは、情報の解釈において決定権を持ち、かつ組織における「不確実さを吸収」[10.12]する役割を果たすからである。そこで、本節では情報の流れの結節点となり、メンバーの注意を向

けるべき情報を取捨選択する「ゲートキーパー」の役割について、定性的アプローチにより検討していくことにする。

図10.2のような①〜⑳のメンバーによって構成されるコミュニケーション・ネットワークにおいて、④，⑥，⑩，⑬，⑮，⑯のメンバーがゲートキーパーに相当する。こうしたメンバー（ゲートキーパー）は、多くのメンバーと接触し、自己が属する集団と他の集団（多くの場合がインフォマール・グループ）との間のコミュニケーションの中継者としての役割を果たしている[10.13]。

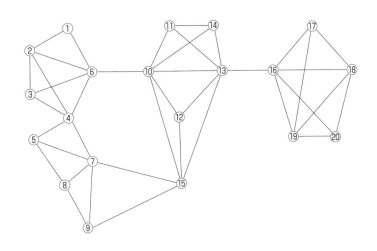

図10.2　コミュニケーション・ネットワークとゲートキーパー [10.13]

しかしながら、ゲートキーパーはコミュニケーションの単なる中継者ではなく、他の集団から流れ込んで来る情報を取捨選択し、解釈し、その結果を他のメンバーに伝達している。その意味から、ゲートキーパーは明らかに情報を編集しており、他のメンバーはゲートキーパーによって「編集された情報」、すなわち「ゲートキーパーの色に染まった情報」を共有していることになる。また、こうしてゲートキーパーにより編集された情報を、他のメン

バーが信じてくれないことはありうるが、証拠それ自体、あるいは生のデータにまで遡ってチェックされることはほとんどない[10.12]。その結果として、ゲートキーパーは集団（ここでは、コミュニケーション・ネットワーク）に介在する不確実性を「自身の色」で吸収し、他のメンバーに対して大きな影響力を持つことになる。

リービット[10.8]のコミュニケーション・ネットワーク実験におけるホイール型のように、中心度指数の高いネットワークほど誤りが少ないことは、その中心に位置するゲートキーパーが上記の不確実さを吸収していることに起因している[10.13]。こうした不確実性の吸収が、他のメンバーにとって問題を簡素化し、それにより誤りを減少させているのである。

したがって、コミュニケーション・ネットワークにおける情報の流れを、ゲートキーパーに焦点を当てながら観察することにより、情報の発信者に対する信頼の度合や情報を編集する際の傾向、さらにはメンバーに対する影響力等、ゲートキーパーの興味深い特性が浮かび上がる。すなわち、複雑で不確実なコミュニケーション・ネットワークの特性を捉える際に、ゲートキーパーに注目した観察が効率的であるだけでなく、コミュニケーション・ネットワークの定性的な分析視座としても、ゲートキーパーに注目した研究アプローチの果たす役割は大きいのである。

参考文献

[10.1] Barnard, C.I.著, 山本安次郎, 田杉競, 飯野春樹訳：新訳 経営者の役割, ダイヤモンド社, 1968

[10.2] 山下洋史："組織コミュニケーションの定量的分析モデル", 経営行動,Vol.8, No.1, pp.66-70, 1993

[10.3] 山下洋史, 尾関守："組織における学習をともなったコミュニケーションの定量的分析モデル", 日本経営工学会誌, Vol.44, No.6, pp.495-500, 1994

[10.4] 尾関守, 香取徹："コミュニケーション・ネットワークの構造分析", 日本経営工学会春季研究発表大会予稿集, pp.108-109, 1983

[10.5] 尾関守, 大野高裕, 山下洋史, 四元頼久："個人能力差を考慮したコミュニケーション・ネットワーク―コミュニケーション・ネットワークの構造分析（第2報）", 日本経営工学会春季研究発表大会予稿集, pp.217-218, 1985

[10.6] 尾関守, 大野高裕, 山下洋史, 早川彰美："学習を考慮したコミュニケーション・ネットワークにおける組織の有効性に関する研究 ―コミュニケーション・ネットワークの構造分析（第3報）", 日本経営工学会春季研究発表大会予稿集, pp.219-220, 1983

[10.7] 狩野素郎：「集団の構造と規範」, 永田良昭, 佐々木薫編『集団行動の心理学』, 有斐閣, 1987

[10.8] Leavitt, H.J. : "Some Effects of Certain Communication Patterns on Group Performance", *Journal of Abnormal and Social Psychology*, Vol.46, pp.38-50, 1951

[10.9] Shaw, M.E.: "Some Effects of Problem Complexity upon Problem Solution Efficiency in Different Communication Nets", *Journal of Experimental Psychology*, Vol.48, pp.211-217, 1954

[10.10] Guetzkow, H. and Dill, W.R.: "Factors in the Organizational development of Task-oriented Groups", *Sociometry*, Vol.20, pp.175-204, 1957

[10.11] 狩野素郎："集団内処理情報の量によるコミュニケーション・ネットワークの効果性の変動に関する研究", 実験社会心理学研究, Vol.17, pp.50-59, 1977

[10.12] 田中政光：イノベーションと組織選択, 東洋経済新報社, 1990

[10.13] 山下洋史：人的資源管理の理論と実際, 東京経済情報出版, 1996

第11章 日本の組織における管理サイクルの二重ループと情報共有

　組織を構成する部門間・メンバー間で情報共有と知識共有を推し進め、これまで展開してきた企業活動の質をさらに向上させようとする上で「管理サイクル」の果たす役割は大きい。すなわち、現在の企業活動の実態を把握するための「情報を共有」し、その情報を基に現在の問題点を明らかにすることで、その問題点を克服（改善）するための知識を生み出すと同時に、こうした価値のある「知識を共有」し、それを未来に活かすよう、管理サイクルを回していくのである。

　上記の「管理サイクル」には、2つの枠組みが存在する。当初、管理サイクルは「Plan-Do-See」（PDSサイクル）とされてきたが、その後、激しい企業環境の変化に対して迅速に対応することを重視した「Plan-Do-Check-Action（Act）」（PDCAサイクル）の枠組みが主流となっていった。こうした流れは、環境の変化に対するアジル（俊敏；迅速かつ柔軟）な対応をめざす現在の企業行動を反映している。

　本章では、管理サイクルにおける上記のような2つの枠組みの存在に注目し、PCDAサイクルに対するPDSサイクルの優位性を指摘する。その上で山下ら[11.1]-[11.4]の先行研究に基づき、日本の組織ではあたかもPDSサイクルとPDCAサイクルが併存している見えること（二重ループ）、またこうした「二重ループ」を円滑に回すためには、①組織全体のPDCAサイクルにおけるマクロ的情報共有と、②現場でのPDSサイクルにおけるミクロ的情報共有に加え、③PDCAサイクルとPDSサイクルとの間の情報共有という、3種類の情報共有が必要であることを示唆する。

11.1 大局的情報としての「知識」と局所的情報としての「狭義の情報」

近年、情報共有の重要性のみならず、知識共有の重要性が注目され始めている。このことは、情報と知識に何らかの違いがあることを示している。しかしながら、こうした情報と知識の違いは、これまで必ずしも明確にはされていなかった。それでは、情報と知識とでは何が異なるのであろうか？

上記の問題に対して、山下[11.3]はIBC（Information Based Complexity [11.5],[11.6]）の「局所的情報と大局的情報」という研究視座に基づき、（狭義の）情報を「局所的情報」として、また知識を「大局的情報」として、それぞれ位置づける枠組みを提示している（**図11.1**）。

（広義の）情報 { 局所的情報（断片的で汚れている）→（狭義の）**情報**
　　　　　　　　 大局的情報（局所的情報を滑らかに関係づける）→**知識**

図11.1　大局的情報としての知識と局所的情報としての情報[11.3]

図11.1の枠組み[11.3]は、広義の情報が狭義の情報と知識によって構成され、知識は、断片的で汚れた多くの情報（狭義の情報）を滑らかに関係づける役割を果たすことを示している。したがって、なるべく多くの局所的情報を簡潔に、かつ滑らかに関係づけることのできる大局的情報が「良い知識」となるのである。

さらに、山下[11.4]は情報と知識の概念的把握を容易にすべく、図11.2に示すような概念フレームワークを提案している。このフレームワークは、n個の要素からなる状態 $T = \{t_1, t_2, \cdots t_m, \cdots t_n\}$ をなるべく正確に知るための知識を生み出す過程について、新たな視点を示している。

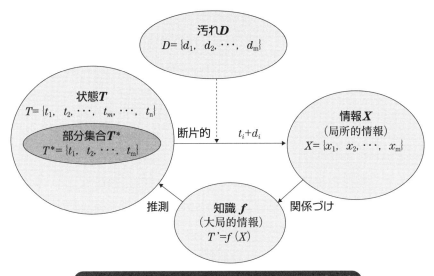

図11.2 知識と情報に関する概念フレームワーク[11.4]

そこで、図11.2の概念フレームワーク[11.4]に基づき、(狭義の)情報から知識を生み出す過程について考えてみよう。まず、我々は自身の把握したい状態Tを推測するために、さまざまな(m個の)情報$X = \{x_1, x_2, ..., x_m\}$を収集するのであるが、情報は前述のように断片的であるため、一般に、

$$m < n \tag{11.1}$$

となる。また、m個の情報の発生源となる「状態の部分集合」を$T^* = \{t_1, t_2, ..., t_m\}$とすれば、情報$x_i$は一般に汚れているため、誤差や雑音等、何らかの汚れ$d_i (d_i \in D)$を含んでいる。

$$x_i = t_i + d_i \tag{11.2}$$

そこで、(11.2)式の汚れd_iを落としながら、なるべく多くの情報x_iを簡潔に、そして滑らかに関係づけることにより、状態Tに関する知識fを生み出すことになる。その際に、次節で述べる「広範さ」と「簡潔さ」をなるべく大き

くするような知識（大局的情報）が「良い知識」となる。さらに、こうして生成された知識fを用いて、全体像を掴むことにより、状態Tを推測することができる。これにより推測した状態をT'とすれば、

$$T' = f(X) \tag{11.3}$$

となり、知識fは$X \rightarrow T'$の写像として位置づけられる[11.4]。すなわち、図11.2は、状態Tをなるべく正確に知るために、多くの情報Xを集め、その情報に含まれる汚れDを落としながら、なるべく多くの情報を簡潔に関係づけることにより、$X \rightarrow T'$の写像としての知識fが生成されることを示しているのである。

図11.2のフレームワーク[11.4]は、情報と知識の位置づけに関する概念的把握を容易にするものと思われる。それは、情報Xから状態Tを推測するための写像fとしての知識の位置づけであり、状態の集合Tの部分集合T^*（断片的）が発生源となり、これに汚れDが加わった$t_i + d_t$としての情報x_iの位置づけである。本章では、PDSサイクルとPDCAサイクルを、多くの情報を簡潔に、かつ滑らかに関係づける役割を果たす典型的な「知識」として位置づけ、次節で述べる知識fの価値という視点から、両者の優位性・劣位性を検討するとともに、日本企業が組織全体でのPDCAサイクルと現場でのPDSサイクルという、管理サイクルの「二重ループ」を円滑に回すことを可能にしてきた要因を考察していくことにする。

11.2　知識の価値を構成する「説明可能性」と「簡潔さ」

「大局的情報」としての知識fは、前節で述べたように、なるべく多くの局所的情報を関係づけることにより生み出される。しかしながら、このような関係づけは無限に考えられるため、これらの中から、より多くの情報を簡潔に、かつ滑らかに関係づけることのできる「大局的情報」（図11.1を参照）、言い換えれば人間や組織にとって有用な大局的情報のみが「良い知識」とな

る。

そこで、山下[11.3]は、知識の価値が、

① より多くの情報を説明する「広範さ」
② それらを簡潔に滑らかに関係づける「簡潔さ」

にあるという視点を提示している。

まず、①知識の広範さは、知識がより多くの情報を説明可能であるべきことを意味する。逆にいえば、例外や異常値として取り扱われる情報が少ないことが望ましいのである。このことは、知識の持つ「説明可能性」の大きさを表している[11.3]。

一方で、②知識の簡潔さは、知識を構成する変数やパラメータが少なく、かつ関数の次数が小さく滑らかであるべきことを意味する。また、場合分けや階層を少なくすべきであることを示している。これらの両面が実現されれば、多くの情報を簡潔に滑らかに関係づけるような「良い知識」が生成されることになる[11.1]。

しかしながら、①知識の広範さや説明可能性を大きくしようとすると、どうしても②簡潔さが低下してしまい、知識は複雑になり易い。逆に、知識を②簡潔に(単純化し滑らかに)しようとすると、①知識の広範さや説明可能性が低下し易い。すなわち、①と②の間にトレードオフの関係が介在するのである。ここに、「良い知識」を生み出すことの難しさが潜んでおり、我々はこうしたトレードオフに対抗することにより、良い知識を生み出していくことになる[11.3]。このような視点に基づけば、人間が知識を生み出すという知的・創造的活動の本質が、上記のトレードオフに対抗するところにあることが理解されよう。

11.3 組織における情報共有の必要性

消費者の価値観が多様化し、従来の大量生産(少品種多量生産)から多品

種少量生産へのシフトが迫られる今日、いかにして多様な販売情報・生産情報・原価情報をタイムリーに処理し、それをPDSあるいはPDCAの管理サイクルへと的確に結びつけていくかは、多くの企業に共通した課題であろう。しかしながら、これらの多様な情報は、それぞれの部門で断片的に存在するため、こうした断片的・局所的な情報のみで意思決定し管理サイクルを回そうとすると、局所最適化[11.7]の行動に陥り易い。

そこで、それぞれの部門に存在する断片的な情報を部門間で互いに共有し、幅広い情報を基に意思決定していくことにより、企業活動を全体最適化の方向へと導くのである。なぜなら、断片的・局所的な情報を基にした意思決定は局所最適化の行動に陥り易く、幅広い情報を基にした意思決定は全体最適化の行動へと、それぞれの部門やメンバーを導く[11.1]からである。

上記のような「情報共有」を重視する考え方は、1990年代以降のBPR（Business Process Reengineering[11.8]）やSCM（Supply Chain Management[11.9]）によって鮮明になった。BPRやSCMにより、垂直的ヒエラルキー・コントロールに従った、これまでの米国型業務プロセスを、水平的コーディネーションを基本とした自律分権的でフラットな日本型業務プロセスへと変革しようとしたのである。その際、上記の自律分権的な業務プロセスは、それによる局所最適化を防止するための方策を必要とする。

青木[11.10]の双対原理によれば、日本の組織ではこれを防止する方策が集権的な人事管理制度であったが、米国で生まれたBPRやSCMでは、情報通信技術（ICT）の積極的活用による「情報共有化」がその役割を果たす[11.7]。すなわち、局所的な情報で意思決定を行うのではなく、情報ネットワーク上で組織全体に共有された幅広い情報を基に意思決定を行うのである。従来のヒエラルキー構造の組織は情報不足の時代に作られたものであり、情報ネットワークが整備され、組織全体に豊富な情報が行き渡るようになれば、組織自体も個人（メンバー）を結んだネットワーク型のフラットな構造へと変革すべきとする考え方が、BPRやSCMのコンセプトを支える基盤となっており、これが現在の組織へと引き継がれている。

このように、ICTを活用した情報ネットワークが組織に浸透し、部門間・個人間での情報共有が進展すると、組織がフラット化していくことになる[11.11]。なぜなら、ICTを活用した情報共有が、従来の上下関係を基礎とした意思決定権の行使から、フラットな関係での「合意形成」へと、組織の運営スタイルを変化させていくからである。さらに、こうして合意形成された情報を組織全体で共有することにより、局所最適化の行動を防止するとともに、管理サイクルを円滑に回していくのである。

11.4 組織における管理サイクルの役割

組織において、管理サイクル（PDSサイクルあるいはPDCAサイクル）の果たす役割が大きいことは、前述の通りであるが、組織として質（クォリティ）の高い活動を展開していくためには、こうした管理サイクルを円滑に回していく（常に問題点を把握し、それを改善していく）ことが求められる。すなわち、まずしっかりとした計画（Plan）を立て、それを確実に実行（Do）し、その結果を評価・反省（See）あるいは点検（Check）した上で、Seeの結果を次の計画（Plan）に活かす、あるいはCheckの結果から迅速な対応（Action）をとる、といったフィードバックが必要なのである。

組織において、こうした機能（手順）が欠けていたり、これらのサイクルが円滑に回らなかったりすると、DoやActionの質（クォリティ）を高めることはできない[11.12]。これは、SeeやCheckの段階で、**図11.2**の「汚れ**D**」を発見し、PDSサイクルであればその汚れを落とすようなPlanを作成することを、またPDCAサイクルであれば汚れを落とすためのActionをとることを、それぞれ意味する。

山下ら[11.13]は、上記のような管理サイクルの重要性に注目し、しっかりとした計画（Plan）を立てる機能（手順）を欠いた経営を「行き当たりばったりの経営」、計画を確実に実行（DoあるいはAction）する機能を欠いた経営を「絵に描いた餅の経営」、評価・反省（See）あるいは点検（Check）

する機能を欠いた経営を「やりっ放しの経営」と呼んでいる。ただし、これらの機能（手順）がすべて備わっているだけでは不十分であり、これらの情報を有機的に結びつけるフィードバックが形成されていなければならない。こうしたフィードバックがなければ、SeeあるいはCheckによって明らかになったt期の問題点が$t+1$期になっても改善されず、また同じ問題や失敗を繰り返してしまうからである。その際、SeeやCheckが、**図11.2**における汚れ$\boldsymbol{D} = \{d_1, d_2, \cdots, d_m\}$を発見する役割を果たし、その汚れ$\boldsymbol{D}$を上記のフィードバックが落としていく役割を果たすことになる。

このように、管理サイクルは、組織のさまざまな情報を、Plan-Do-SeeあるいはPlan-Do-Check-Actionという簡潔な枠組みで構造化すると同時に、これらの情報をサイクルとして有機的に（滑らかに）結びつける「大局的情報」（すなわち、知識）としての役割を果たす[11.1]。そして、PDSあるいはPDCAの管理サイクルは、多くの情報を簡潔に、そして滑らかに結びつける役割を果たすという意味で、まさしく前述の「良い知識」に相当するのである。

11.5　PDSサイクルの優位性とPDCAサイクルの劣位性

PDS（Plan-Do-See）とPDCA（Plan-Do-Check-Action）の「管理サイクル」を、前節ではどちらも「良い知識」として位置づけたが、両者を比較した場合、どちらが「より良い知識」（better knowledge）なのであろうか？

こうした問題に対して、山下ら[11.2]は、**11.2節**で述べた知識の①広範さ（説明可能性）と②簡潔さの観点から、PDSサイクルとPDCAサイクルの持つ、知識としての価値を比較している。当初、管理サイクルはPDSサイクルとされていたが、その後の激しい企業環境の変化により、Checkした結果（問題点）に対する迅速なActionの必要性が広く認識されるようになり、PDCAサイクルの枠組みが主流となっていったことをふまえると、こうしたＰＤＳ→ＰＤＣＡの流れは、激しい環境の変化に対するアジルな対応を重

視する現在の企業行動を反映した管理サイクルであることがわかる。すなわち、Doの結果をCheckしたならば、それを迅速にActionへと結びつけるべきとする考え方が、管理サイクルの主流になったと考えることができるのである。

しかしながら、山下ら[11.2]はPDCAサイクルに対するPDSサイクルの優位性（PDCAサイクルの劣位性）を指摘している。これは、「管理サイクル」を人間の生み出す知識として位置づけたとき、前述のように、①広範で②簡潔な知識（ここでいう「管理サイクル」）が、価値の高い「良い知識」であるという考え方に根ざしている。

まず、管理サイクルを「知識」として位置づけた場合、PDCAサイクルよりもPDSサイクルの方が、知識として②簡潔であることは明らかである。これに対して、①広範さと②簡潔さとの間のトレードオフをふまえれば、①広範さ（説明可能性）についてはPDSサイクルよりもPDCAサイクルの方が高いように思えるが、管理サイクルの場合には、そうであるとは限らない。

そこで、PDCAサイクルとPDSサイクルの構成要素について比較すると、両者の違いがCAとSの違いにあることは明らかである。PDSサイクルの場合、Do（実行）の結果をSee（評価）して、それを次のPlan（計画）に活かそうとするのであるが、PDCAサイクルの場合はDoをCheckしたならば、その結果をすぐにActionに結びつけようとするのである。それは、前述のように、PDCAサイクルがCheckの結果に対する迅速なActionを重視しているからである。

しかしながら、PDCAサイクルにおいてActionの次がPlanであることは、Actionの結果がCheckされないことを意味する。現実には、Actionの結果をCheckしているはずであるが、もしそれをCheckしているとすれば「PDCAC」となる。さらに、PDCAサイクルの重視する「Checkの結果に対する迅速なAction」の考え方に従えば、「PDCACA」となり、最後のActionの結果をCheckするとすれば、「PDCACAC」となって「CACACA・・・」という無限ループに入ってしまう[11.2]。こうした視点に基づけば、実際の企業活動

に対して、必ずしもPDCAサイクルの方が、知識の①広範さ（説明可能性）の面で優れているとはいえず、PDSの管理サイクルを迅速に回すという考え方をする方が合理的である。

　また、PDCAサイクルにおいてCheckの結果をPlanにフィードバックしないうちに、問題に直面した部門が局所的にActionをとってしまうと、PlanとActionが不整合の状態になってしまう。やはり、Checkの結果をまずPlanに反映させてから行動（Do）することが求められるのである。これに対して、PDSサイクルの場合は、Seeの結果が直接Planにフィードバックされるため、上記のような不整合は基本的に生じない。

　さらに、PDCAサイクルにおいて、「DoとActionの違いは何か？」を考えてみると、それは実行・実施の迅速性や適時性の違いにあるが、両者の本質的な機能はともに、実行・実施であり、迅速性や適時性はActionのみならずDoにおいても必要であることがわかる。したがって、迅速性や適時性は両者の本質的な違いとはならず、このことがPDCAという知識の複雑性（低い簡潔さ）を生み出している[11.12]。

　以上のことを整理すると、PDCAサイクルとPDS サイクルの②簡潔性についてはPDSサイクルの方が明らかに優っており、両者の①説明可能性についてはそれぞれ一長一短があるとする山下ら[11.2]の研究視座に帰着する。こうした研究視座から、PDCAサイクルに対するPDSサイクルの優位性（PDCAサイクルの劣位性）と、管理サイクルをPDCAサイクルではなくPDSサイクルとして位置づけることの妥当性が浮かび上がるのである。

11.6　日本の組織におけるPDCAサイクルの「弱適合性」

　PDS サイクルに対して、PDCAサイクルが「知識」として劣位の状態にあることは、前節で述べた通りであるが、一方で山下ら[11.12]は日本の組織特性、とりわけ現場への権限委譲と改善がPDCAサイクルの劣位性を弱めているのではないかという考え方に基づき、下記のような「日本における

PDCAサイクルの弱適合性」の視点を提示している。

　日本の組織では、一般にセンター部門が作成する「全体最適のための計画」（Plan）は大枠を示すにすぎず、詳細のPlanは、前述のように現場へと権限委譲されている（例えば、JITシステムの「かんばん」）。そのため、問題に直面する現場がCheckの後、Planの手順を踏まずに（Planを修正せずに）Actionをとったとしても、大枠のPlanと現場のActionとの間に不整合が生じにくい。すなわち、現場で自律的に展開されたAction（特に、改善）を、ある程度の期間にわたってまとめてから、それをセンターの計画（Plan）に反映させるようにしても、Planとの顕著な不整合が生じることなく、PDCAサイクルを回すことができるのである。これにより、組織全体（大枠）のPlanにあまり拘束されずに、現場（例えば、QCサークル）での自律的な「改善」を繰り返すことが可能になる[11.1]。

　こうした日本の自律分権的な組織特性（**第3章**を参照）により、PDCAサイクルは、その劣位性が弱められ、大局的には日本の組織に、「弱い意味」で適合することになる（日本におけるPDCAサイクルの弱適合性[11.12]）。ここで、強い意味ではなく「弱い意味」としているのは、PDSサイクルに対するPDCAサイクルの劣位性は、日本の組織であっても揺るがないが、その劣位性が弱められ、不適合ではない、やや適合した状態に近づくからである。それに加えて、山下ら[11.12]は下記のような視点から「弱い意味」とすべきことを指摘している。

　まず第一に、上でPlanとActionとの間で顕著な不整合は生じないとしたPlanは、あくまでもセンターで作成される大枠の計画であり、現場での詳細のPlan（例えば「かんばん」）には、やはりActionをしっかりとCheckした結果を反映させなければならないからである。その際、ActionをCheckした結果から、迅速なActionをとろうとすると、そのActionをCheckする必要があるため、現場では前節で述べたような「CACA…」の無限ループに陥ってしまうことになり、こうした点が「弱い意味」での適合性となるのである。

第二に、DoとActionには「迅速性」あるいは「適時性」の違いがあるだけであり（前節を参照）、日本の組織に舞台を限定したとしても、やはり両者の本質的な違いを見出すことはできないからである。すなわち、DoやActionの舞台が日本の組織に限定されたとしても、両者の本質が実行・実施にあることは変わらないのである。こうした点でも、上記の適合性は「弱い意味」での適合性にすぎない。

　このように、PDCAサイクルの劣位性が弱まるだけにすぎないこと、現場での詳細のPlanには評価・点検した結果を反映させるべきこと、そしてDoとActionの間に本質的な違いを見出すことはできないことをふまえれば、日本におけるPDCAサイクルの「適合性」ではなく、「弱適合性」とすることの妥当性が理解されよう。ただし、センター部門が作成する大枠のPlanと現場のActionとの間に、「弱い意味」であったとしても、大局的には不整合が生じにくいことは、日本の組織において注目すべき特性である。そして、こうした特性が、迅速なActionを優先した組織全体でのPDCAサイクルを可能にしていると考えることができるのである。

　さらに、山下ら[11.12]は上記のような「弱適合性」に注目し、日本の組織において二重の管理サイクルが回っているとする「二重ループ」の視点を提示している。この「二重ループ」は、組織全体としてのPDCAサイクルと、現場でのPDSサイクルが併存していることを意味する[11.1]。こうした「二重ループ」こそが、現場での迅速なActionと、QCサークルに象徴される現場での自律的な「改善」を可能にしていると考えることができるのである。

11.7　PDCAサイクルにおけるマクロ的情報共有とPDSサイクルにおけるミクロ的情報共有

　日本の組織では、前節で述べたように、組織全体としてのPDCAサイクルと現場でのPDSサイクルとが併存しているとすると、これらの「二重ループ」[11.12]をいかにして円滑に回しているのであろうか？　それは、単にPDCAサイクルかPDSサイクルのいずれかを回す場合に比較して、当然

のことながら両者を回す方が難しいはずであり、それを克服しなければ上記の「二重ループ」が円滑には回らないからである。すなわち、PDCAサイクルとPDSサイクルとの間に情報の不整合が生じることを防止しなければならないのである。

こうしたPDCAサイクルとPDSサイクルの「二重ループ」における情報の不整合を防止するためには、下記のような3種類の情報共有が求められる[11.1]。

① 組織全体でのPDCAサイクルにおけるマクロ的情報共有と
② 実行部門（現場）でのPDSサイクルにおけるミクロ的情報共有のみならず、
③ 組織全体でのPDCAサイクルと実行部門（現場）でのPDSサイクルとの間の情報共有

ここで、①〜③の情報共有が求められるとするのは、組織において情報共有によりすべての部門やメンバーが、意思決定の基盤となる情報を共有しなければ、局所最適化の行動を防止することができないからである。それに加えて、組織全体でのPDCAサイクルを円滑に回すためには①の情報共有が、実行部門（現場）でのPDSを円滑に回すためには②の情報共有が、またこうしたPDCAサイクルとPDSサイクルとの間の不整合を防止し、「二重ループ」を円滑に回すためには③の情報共有が、それぞれ求められるからである。これらの情報共有により、各部門・各メンバーにとっての局所最適化の行動を防止するのである。以下では、山下[11.1]の先行研究に基づき、①〜③の情報共有が、それぞれ組織において果たす役割を検討していくことにしよう。

まず、①の情報共有についてであるが、これは当然のことながら、組織全体での情報共有を意味する。しかしながら、組織において、すべての部門・メンバーが詳細の情報（ミクロ的情報）を共有することは不可能である。そうであるからこそ、職務分掌が定められているのである。そこで、ミクロ的情報については②の情報共有に任せ、PDCAサイクルでは組織全体の経営理

念・経営戦略・経営計画や大枠の生産計画といった①の（マクロ的レベルでの）情報共有を進めることが求められる。これにより、大局的には組織全体のベクトルを合わせ、Checkにより浮上した局所的な問題（**図11.2**の「汚れ***D***」）については、現場でCheckの後にすぐActionをとっても（汚れ***D***を落としても）、局所最適化の行動とはならないようにするのである。こうした現場での迅速なActionが、日本企業の発展を支える一要因となっており[11.7]、それを可能にする基盤が、組織のセンターで作成される計画（Plan）は大枠のみを規定し、詳細なPlanについては実行部門（現場）に任せる「権限委譲」と、このような権限委譲によって生じ易い局所最適化の行動を防止する「長期的な雇用システム」（時間的余裕）にあることは、本書の**第3章**で述べた通りである。

　一方で、②の情報共有は、日々の企業活動によって生まれる詳細な情報を、組織全体ではなく、関係者間で共有することを意味し、限られた範囲（現場）でPDSサイクルを円滑に回していくための「ミクロ的情報共有」に相当する。すなわち、現場で日常的に発生する細かい問題を常にSeeし（例えば、品質管理）、その結果をすぐに詳細のPlanへとフィードバックすることで、②の情報共有を図るのである。なぜなら、現場で作成される詳細なPlan（例えば、かんばん）は、上で述べた（組織全体での）大枠のPlanとは異なり、常にSeeと整合していなければならないからである。

　そこで、ミクロ的にはSeeの結果ですぐにActionを起こすのではなく、Seeで明らかになった問題（**図11.2**の「汚れ***D***」）を詳細なPlanへとフィードバックすることで、迅速にそのPlanの問題点（汚れ***D***）を修正し、それを現場で共有すること（②の情報共有）が求められる。See（Check）の結果のみで、慌てて対応（Action）すると、前述のような「局所最適化」の行動となってしまう危険性が高いのである。この点が、①の情報共有との大きな違いであり、現場での詳細なPlanについては、②の情報共有により、常にSeeの結果との整合性を維持していなければならない。

　さらに、③の情報共有は、組織全体でのPDCAサイクルと、実行部門（現

場)でのPDSサイクルという、異なるロジックを持つ2つの管理サイクルが不整合の状態に陥らないようにするための情報共有であり、これが管理サイクルの「二重ループ」[11.12]を円滑に回すための最も重要な条件となる。すなわち、現場で日常的に発生する細かい問題点(汚れ**D**)に対する迅速なAction(特に、改善)が、組織全体としてのマクロ的なPlanとの間で不整合を引き起こしてしまうことを防止する役割を果たすのが、③の情報共有なのである。

　一般に、現場での自律的な活動を重視し、その活動(特に、改善)とPlanとの整合性については現場のPDSサイクルのみに任せようとすると、組織全体のPDCAサイクルにおけるPlanと乖離してしまい易く、反対に組織全体のPlanとの整合性を優先しすぎると、現場での自律的な活動を制約してしまうことになる。ここに、組織全体のPDCAサイクルと現場でのPDSサイクルとの間に生じるプライオリティのトレードオフが介在するのである。その際に、PDCAサイクルかPDSサイクルか、いずれかのみを優先したとすれば、当然のことながら上記の「二重ループ」を回すことはできない。そこで、管理サイクルの「二重ループ」を円滑に回すためには、組織全体のPDCAサイクルと現場でのPDSサイクルとの間の不整合を防止することが必要になるのであるが、そこには上記のトレードオフが介在するため、どうしても両者の間で不整合が生じ易い[11.1]。

　例えば、組織全体のPlan(生産計画)は大幅な在庫削減にあるにもかかわらず、現場ではそのPlanに従うとラインが空いてしまうため、ラインの稼働状況(Do)をSeeした結果として、現場のPDSサイクルでは、注文のない部品まで生産するようなPlanを立て、そのPlanに従った生産(Do)を展開してしまうということが、上記の不整合に相当する。このような不整合は、至るところで生じる危険性がある。それでは、組織全体のPDCAサイクルと現場でのPDSサイクルとの間に不整合が生じさせる要因は何であろうか？

　それは、両者(組織全体のPDCAサイクルと現場でのPDSサイクル)の

意思決定の基盤となる情報が異なるという要因であろう。特に、上記の例からもわかるように、両者のPlanにおいて基盤となる情報が異なるために生じる不整合が多い。そこで、組織全体のPDCAサイクルと現場でのPDSサイクルとの間の不整合を防止するためには（とりわけPlanを作成する際に）、③の情報共有が欠かせないのである。

　もちろん、日本では前述のように、組織全体のPlanが大枠の計画を規定するにすぎず、詳細のPlanは実行部門（現場）に権限委譲されていることが多いため、こうした不整合が生じにくいのであるが、それでも現場でのPDSサイクルが組織全体のPDCAサイクルから乖離しないように、常に両者の間で、ある程度の（緩やかな）整合性を維持しようとすれば、やはり③の情報共有が不可欠である。これにより、意思決定の基盤となる情報をそろえ、組織全体のPDCAサイクル（特に、Plan）と現場でのPDSサイクルとの間の不整合を防止するのである。

　以上のことをふまえると、日本企業が組織全体でのPDCAサイクルと現場でのPDSサイクルという「二重ループ」を円滑に回していくためには、①～③の情報共有すべてが不可欠であることがわかる。したがって、もし多くの日本企業がこの二重ループを円滑に回してきたとすれば、①～③の情報共有を図ってきたはずである。すなわち、日本企業が上記の二重ループを円滑に回す要因として、①～③の情報共有を指摘することができるのである。

　実際に、日本企業ではこうした情報共有を図るべく、「かんばん」や「あんどん」といった目で見る管理を推進し、一方でQCサークルや業務改善提案の発表会を実施してきた。これらの活動による情報共有が、組織全体でのPDCAサイクルと現場でのPDSサイクルとの間の乖離を埋め、管理サイクルの「二重ループ」を円滑に回すことを可能にしてきた要因となっていると考えられるのである。

参考文献

[11.1] 山下洋史："日本の組織における管理サイクルの二重ループと情報共有―PDSサイクルとPDCAサイクル―"，明大商学論叢，Vol.97，No.4，pp.17-28，2015

[11.2] 山下洋史，鄭年皓，村山賢哉："組織における管理サイクルに関する研究"，第40回日本経営システム学会全国研究発表大会講演論文集，pp.115-118，2008

[11.3] 山下洋史："組織における知識共有と知識の価値"，明大商学論叢，Vol.86，No.2，pp.29-41，2004

[11.4] 山下洋史："知識と情報に関する概念フレームワーク"，第29回日本経営システム学会全国研究発表大会講演論文集，pp.47-50，2002

[11.5] Traub, J.F. and Woźniakowski, H.："Information Based Complexity: New Questions for Mathematics", *Mathematical Intelligencer*, Vol.13, No.2 pp.34-43, 1991

[11.6] Traub, J.F. and Woźniakowski, H.：*Complexity and Information*, Cambridge University Press, 1998（手塚集訳：複雑性と情報，共立出版，2000）

[11.7] 山下洋史："組織における情報共有と知識共有の概念を基礎としたマネジメント・モデルの研究"，明治大学博士（商学）学位請求論文，2004

[11.8] Hammer, M. and Champy, J.：*Reengineering the Corporation*, Harper Business, 1993（野中郁次郎監訳：リエンジニアリング革命，日本経済新聞社，1993）

[11.9] 山下洋史，村田潔編著：スマート・シンクロナイゼーション，同文舘，2006

[11.10] 青木昌彦：日本企業の組織と情報，東洋経済新報社，1989

[11.11] 山下洋史編著：OJC（On the Job Computing，職場内コンピューティング），経林書房，1998

[11.12] 山下洋史，村山誠，金子勝一："PDSサイクルに対するPDCAサイクルの劣位性と日本における弱適合性"，第53回日本経営システム学会全国研究発表大会講演論文集，pp.264-267，2014

[11.13] 山下洋史，金子勝一：情報化時代の経営システム，東京経済情報出版，2001

第12章 情報の非対称性における利己的行動モデルと利他的行動モデル

　情報には、共有が容易であるという独特の性質がある。すなわち、情報はモノとは異なり、相手に提供しても多くの場合、自身の記憶にその情報が残るのである。そのため、モノが「所有≒占有」であるのに対して、情報は「所有≠占有」となり、共有されることが多い。

　さらに、近年のICTの著しい発展が、上記の性質を強力に後押ししている。こうした「情報共有」の方向性に注目して、折戸・山下[12.1]は「情報は、放っておくと（堰き止めるためのエネルギーを投入しないと）、占有→限定共有→非限定共有へと流れていく」という視点を提示している。したがって、個人情報や機密情報の流出を防止し、情報の非対称性[12.2]を維持するためには、それらを外部から遮断するためのエネルギー投入が不可欠であり、このようなエネルギー投入にはコストがかかることになる。

　一方で、人間関係を重視する日本では、情報の非対称性において正の非対称性（情報優位）の状況にある行動主体が、何の「見返り」もなしに情報を提供し、相手とその情報を共有しようとすることも多い。情報を提供する（「情報の非対称性」を解消する）ことで、相手（情報を所有しない者）に喜んでもらうことが、あたかも自身にとっての心理的報酬（見返り）となっているかのように振舞うのである。

　本章では、これまでの「情報の非対称性」研究における、正の非対称性[12.3]を維持しようとする従来の行動モデル（利己的行動モデル）に加え、相手（情報を所有しない者）に喜んでもらうために、あるいは相手からの反発を回避するために、正の非対称性をあえて放棄しようとする行動モデル（利他的行動モデル[12.4]）を紹介する。前者の利己的行動モデル（意地悪モデル）では、相手（情報を所有しない者）がその情報を欲しがれば欲しがるほど、多くの

「見返り」を求めるのに対して、後者の利他的行動モデル（思いやりモデル）では、その情報を欲しがれば欲しがるほど少ない「見返り」でもそれを積極的に提供するというところに特徴がある。これにより、情報の非対称性における上記のような正反対の行動を、それぞれ情報遮断と情報共有の視点から考察していくことにする。

12.1 情報の所有と占有・共有

　情報には、統一的な形や色が存在せず、体積や重量がゼロであるという特徴がある。こうした特性をふまえ、山下[12.5]は、情報を「体積も重量もゼロで、かつ人間や組織にとって有用な存在」として位置づけている。一方で、情報はモノの「所有≒占有」とは異なり、「所有≠占有」という性格を有していることは前述の通りであるが、折戸・山下[12.1]はこうした情報の所有を、①情報の占有、②情報の限定共有，③情報の非限定共有という3つの場合に分類する枠組みを提示している。

　①はモノと同様に情報を「占有」する場合を表しているが、カッソン[12.6]のいう「公共財の原則」が示唆するように、「情報は共有することができ、そして情報の発見を繰り返すことは費用がかかるので、あまり情報を持っていない人はより情報を持った人から学ぶほうが有利である」ため、情報占有の状態を維持することは簡単ではない。したがって、情報を占有するためには、他人に知られないようなエネルギー(情報遮断エネルギー[12.7], [12.8])の投入が必要であり、放っておけば②や③の方向（共有）へと向かうことになる。

　一方で、野口[12.9]は、経済財としての情報は社会的限界費用がゼロになるという特殊性を有することを指摘している。すなわち、情報は複製が可能であり、かつ複製によって元のものが破壊されないため、いったん得られた情報はその複製と伝達に必要な費用を除けば、社会全体としてはゼロの費用[12.9]で無限に利用者を増加させることができるのである。

しかしながら、これまで占有の状態にあった情報を共有することは、相手に対する優位性（正の非対称性）を失うことにつながる。そこで、「負の非対称性」の状態にある行動主体が情報共有を実現するためには、「正の非対称性」の状態にある行動主体に対して、多くの場合（正の非対称性の状態にある行動主体が「利己的行動」をとる場合）、何らかの「見返り」を与えることが必要になるのである。

12.2　組織における情報共有を促す要因の心理学的検討

　組織において情報占有が利得となる状況は、大きく2つに大別される。その1つは、上司と部下の関係のように二者間にパワー関係がある場合、すなわち上司が部下に対して情報パワーを持ち合わせる場合[12.10], [12.11]である。これは、上司が部下にとって必要な情報をコントロールすることができると部下が知覚することを意味しており、この知覚が高いほど、上司にとっては正の非対称性が高まる。また、これとは反対に、部下が上司にとって必要な情報をコントロールすることができると上司が知覚するような場面もあり、こうした場面では部下にとって正の非対称性が形成される。

　2つ目は、二者間の職位が同等の同僚との関係において情報占有が利得となる状況であり、一方がわざと重要な情報を相手に教えないようにすることで、正の非対称性を高め、自分だけ手柄を上げようとする場合である。これらは、本章の議論における「利己的行動」に相当する。

　こうした組織内部での個人の情報占有は、その人にとっては利得となっても、組織の生産性を上げるという大きな目標にとっては負の効果をもたらし、ある種の社会的ジレンマを引き起こすことになる。そこで、組織内部での情報共有を促すためには、情報占有よりも情報共有が利得となるような状況を作り上げなければならない。

　例えば、上司と部下の関係において、情報共有を図る方が、部下との間での信頼関係が高まるような状況がこれに相当し、「レモン市場問題」[12.2]

の低減や上司に対するポジティブな評判等、情報共有の利得が大きくなれば、これ（情報共有）が促進されるはずである。

　また、同僚間の場合、公式の組織集団（部署・課など）のみならず、非公式の集団が形成される場合が多く、そこで形成される集団の規範が与える影響は会社の就労規則や金銭によるインセンティブよりも強いことが、人間関係論や行動科学において指摘されている[12.12], [12.13]。それは、非公式の集団内で自然と生まれる規範に従うことが、成員にとって心理的報酬となり、従わない場合は罰として働くからである。つまり、同僚間で形成される非公式の集団において、「情報共有をすべき」という規範が形成されれば、成員にとって情報共有が報酬となり、情報占有が罰となるため、同僚間で情報を共有する方向（情報の対称性）へと向かうのである。

12.3　情報の非対称性における利己的行動モデル

　前節でも述べたように、組織において成員間での情報共有を図る（これにより意思決定の基盤を揃える）べきであるにもかかわらず、実際には互いの利害に関わるすべての情報を共有することは少ない。そこで、山下ら[12.3], [12.14]は、情報を所有する行動主体にとっての非対称性を「正の非対称性」、その情報を所有しない行動主体にとっての非対称性を「負の非対称性」と呼んでいる。ここでは、従来の「情報の非対称性」研究が論じてきた正の非対称性を維持しようとする行動、すなわち「利己的行動」を前提に、情報の価値と見返りの関係を検討していくことにする。

　そこで、まず情報（ただし、後述のネガティブ情報でなく、正の価値を持つポジティブ情報）を所有する者を行動主体A、所有していない者を行動主体Bで表し、下記のような前提条件を設定することにしよう。

〈前提条件〉
　①　何らかの利害関係が介在する二者（行動主体Aと行動主体B）のみに

焦点を当てる。
② 情報は、放っておくと（堰き止めるためのエネルギーを投入しないと）、占有→限定共有→非限定共有［12.1］へと流れていくが、「二者」の間の問題（情報の非対称性）を議論するため、情報の占有と限定共有のみを考え、非限定共有については対象外とする。
③ 情報（ポジティブ情報）は、行動主体A（正の非対称性）と行動主体B（負の非対称性）の間で、優位・劣位の大きさを規定し、行動主体Aに対して優位性を与える。
④ 情報の非対称性における情報の価値は、情報の内容的価値と占有的価値の和に分解される。
⑤ 情報の非対称性において、行動主体Aの「占有的価値」は、行動主体Bにとっての「内容的価値」に、その情報を獲得することへの願望の大きさ（情報獲得願望係数）を乗じた大きさとなる。
⑥ 情報の内容的価値は、時間の変化に対して一定とする。

上記の前提条件に基づき、「情報の非対称性」の状態にある情報を行動主体Aが所有することによる価値V_Aを、情報の内容的価値と占有的価値に分解して捉えることにすれば、これらの価値は(12.1)式のように定式化される［12.3］, ［12.14］。ただし、(12.1)式のv_{A1}とv_{B1}は、それぞれ行動主体Aと行動主体Bにとっての内容的価値、v_{A2}は行動主体Aにとっての占有的価値であり、b_Bは行動主体Bにとっての情報獲得願望係数である。

$$V_A = v_{A1} + v_{A2} = v_{A1} + b_B \cdot v_{B1} \tag{12.1}$$

(12.1)式からもわかるように、情報（ポジティブ情報）を占有している行動主体Aは、行動主体Bに対して優位な立場（情報優位）を手にすることができる。それは、自身の所有（占有）している情報を活用して有利な立場を築き、自身の利益を増大させるような行動をとることができるからである。もちろん、こうした行動をとらないかもしれないが（例えば、本章の「利他

的行動モデル」)、少なくとも自身の利益を増大させようと思えば、そのために情報を活用することが可能な立場を手に入れようとするはずである。

次に、行動主体Aが行動主体Bに対して情報を提供し、両者がこれを共有したとすると、(12.1)式の占有的価値v_{A2}は失われるため、行動主体Aにとっての情報の価値V_Aは(12.2)式へと移行する[12.3]。

$$V_A = v_{A1} \tag{12.2}$$

(12.2)式は、行動主体Aにとって、相手（行動主体B）に情報を提供すること（情報共有）により、情報の価値が$v_{A2}(=b_B \cdot v_{B1})$の分だけ低下することを表している。すなわち、情報共有によって「占有的価値」が失われ、「内容的価値」のみとなると同時に、両者の優位・劣位の関係も解消され、その情報をめぐっては対等な関係が形成されることになるのである。そこで、行動主体Aは、特別な誘因（見返り）がない限り、自身の優位性を失うことを避けるべく、正の非対称性の状態を維持しようとすることが予想され、そのための情報遮断エネルギー[12.4]，[12.8]を投入することになる。

こうして行動主体Aが自身の優位性を維持すべく、情報を遮断しようとしたとすると、行動主体Bが情報共有を実現（行動主体Aの優位性を放棄）させるためには、それに見合った「見返り」が必要になる。すなわち、負の非対称性の状態にある行動主体Bが、この状態を解消するためには、行動主体Aに対して何らかの「見返り」を与えなければならなくなるのである。

その際、情報の占有的価値を確保すべく、相手に対して情報を遮断しようと思えば、それに費やされるコスト（情報占有コストd_A）が必要となるため、その分のコストを考慮すれば、情報共有に必要な見返りの大きさg_Aは(12.3)式のように表される[12.14]。

$$g_A \geqq v_{A2} - d_A = b_B \cdot v_{B1} - d_A \tag{12.3}$$

(12.3)式は、行動主体Aが相手に対する情報の占有的価値を放棄し、情報共有を選択するようにさせるためには、行動主体Bにとっての内容的価値

v_{B1}に情報獲得願望係数b_Bを乗じた価値から、情報占有コストd_Aを差し引いた分の価値以上の「見返り」が必要であることを示している。ただし、上記の見返りg_Aが、金銭や物品といった直接的な見返りのみならず、情報共有によって相手から得られる協力や、情報共有による相手とのコラボレーションの効果といった間接的な見返りも含めた「広い意味での見返り」[12.14]である点に注意を要する。むしろ、情報共有の問題を考える際には、こうした協力やコラボレーションから生まれる間接的な見返り（価値）が重要なのかもしれない。

さらに、行動主体Aが相手（行動主体B）に対して感じる信頼度が大きい場合には、相対的に少ない見返りでも情報共有を実現することが可能であろう。こうした考え方に基づき、(12.3)式の見返りg_Aに対して信頼度h_Aを導入すれば、(12.4)式のような不等式へと置き換えられる[12.3]。すなわち、下記の不等式が成立する場合に、「正の非対称性」の状態にある行動主体Aが相手に情報を提供し、情報共有が実現すると考えることができるのである。

$$g_A \cdot h_A \geq v_{A2} - d_A = b_B \cdot v_{B1} - d_A \tag{12.4}$$

(12.4)式は、行動主体Aが、相手に対して感じる信頼度h_Aが大きいほど、また情報を遮断するために必要なコストd_Aが大きいほど、少ない見返りでも相手に情報を提供（共有）することを示している。これによれば、情報共有に必要な「見返り」の大きさを、簡潔な形式で記述することが可能になる。

12.4　情報の非対称性における利他的行動モデル

これまでの「情報の非対称性」研究では、正の非対称性[12.4]の状況にある行動主体Aは、できる限りこの状況（優位性）を維持しようとするという考え方に基づき、二者間での優位・劣位の関係や情報共有を実現するための条件や誘因（見返り）を論じてきた。しかしながら、負の非対称性の状況に置かれた相手（行動主体B）に喜んでもらうために、あるいは相手からの

反発を回避するために、行動主体Aがあえて正の非対称性を放棄して、その情報（ポジティブ情報）を共有しようとする行動をとることも考えられる。とりわけ、人間関係や組織間関係を重視する日本では、こうした行動をとることも多い。

　ここでは、上記のような「情報の非対称性」における正反対の行動の存在に注目し、行動主体Aにとっての正の非対称性を維持（情報を遮断）しようとする従来の行動モデルに加え、正の非対称性をあえて放棄し、その情報を共有しようとする行動モデルを考えていくことにしよう。これにより、「情報の非対称性」において行動主体A のとりうる行動を2つのモデル（利他的行動モデルと利己的行動モデル[12.4]）によって記述するのである。

　まず、「利己的行動モデル」についてであるが、これは前述の(12.4)式のような行動モデル[12.3]によって記述され、従来の「情報の非対称性」研究の延長線上に位置づけられるモデルである。したがって、行動主体Bが情報共有を実現（行動主体Aの優位性を放棄）するためには、それに見合った「見返り」が必要になる。

　一方、「利他的行動モデル」[12.4]は、相手（行動主体B）がその情報を欲しがれば欲しがるほど、少ない「見返り」でもその情報を提供するというモデルであり、利己的行動モデル（その情報を欲しがれば欲しがるほど多くの「見返り」が必要になる）とは正反対の行動モデルである。利他的行動モデルでは、相手（行動主体B）の感じる情報獲得願望係数b_Bと情報の内容的価値v_{B1}が大きいほど、すなわち情報の占有的価値v_{A2}が大きいほど、必要となる「見返り」が(12.4)式とは反対に少なくなるため、山下ら[12.4]は新たにパラメータuとw_Aを導入することにより、(12.4)式を(12.5)式へと拡張している。ただし、上記のuは、「利己的行動モデル」のとき0、「利他的行動モデル」のとき1の値をとるパラメータ（ダミー変数）であり、w_Aは情報提供の閾値を表すパラメータである。

$$g_A \cdot h_A \geq u \cdot w_A + (1-2 \cdot u) \cdot v_{A2} - d_A = u \cdot w_A + (1-2 \cdot u) \cdot b_B \cdot v_{B1} - d_A \quad (12.5)$$

(12.4)式を(12.5)式へと拡張することにより、「情報の非対称性」において自身の持つ優位性（占有的価値）重視型の「利己的行動モデル」と、相手との人間関係重視型の「利他的行動モデル」の両モデルを同時に記述することが可能になる[12.4]。すなわち、パラメータ $u=0$ のときは情報獲得願望係数 b_B と情報の内容的価値 v_{BI} の積が大きくなるほど多くの見返り g_A が必要になるのに対して、$u=1$ のときは b_B と v_{BI} が大きくなるほど少ない見返り g_A でも情報共有が達成されるという、正反対の行動が記述されるのである。

ここで、重要な役割を果たすパラメータが、w_A（情報提供の閾値）である。当然のことながら、利他的行動モデルでは、相手（行動主体B）が情報を欲しがれば、行動主体Aはなるべく早くその情報を提供しようとするのであるが、無条件に提供するとは限らず、行動主体A（正の非対称性）の持つ w_A の大きさによっては、ある程度の「見返り」が必要になる。すなわち、w_A の値が大きくなれば、利他的行動モデルであっても、相対的に多くの見返りが求められるのである。ただし、その場合であっても、利己的行動モデルとは異なり、相手（行動主体B）の情報獲得願望係数 b_B と情報の内容的価値 v_{BI} の積が大きくなるほど、少ない見返りでその情報を提供することになる。そういった意味で、w_A の値は利他的「思いやり」の中に介在する利己的な「意地悪」の程度という、微妙な心理を表すパラメータなのである。

一方で、利己的行動を長く続けていると、相手（行動主体B）に不満を生じさせ反撃を受けてしまい、長期的には自身の優位性を失う結果となることもありうる。また、利他的行動が相手からの信頼を生み出し、それが相手からより多くの情報を得ることにつながったとすれば、間接的には自身の利益を増大させる行動（利己的行動）とも十分になりうる。さらに、上記のような情報共有により、自身と相手との間では情報共有の対等な関係となったとしても、他の多くの人たち（第三者）に対しては情報の非対称性（正の非対称性）が存在しているとすれば、行動主体AとBの両者がともに優位な立場を手に入れることができるかもしれない。

このように、利他的行動が長期的には第三者に対する優位性を生み出す可

能性を秘めており、これこそがBPRやSCMの重視する「情報共有による競争優位の源泉」[12.15]となるのである。

12.5　ネガティブ情報の内容的価値と占有的価値

　情報の非対称性において、前節で述べたポジティブ情報は、行動主体A（情報の所有者）に対して優位性を与えるが、行動主体Aにとって負の価値を持つような情報も存在する。そこで、こうした情報（負の価値を持つ情報）を、山下ら[12.16]，[12.17]は「ネガティブ情報」として位置づけている。その上で、行動主体Aがその情報（ネガティブ情報）を占有したとしても、負の価値が顕在化することを防止するにすぎないが、これがもし他人に流出してしまったとすると、劣位の状況に追い込まれることに注目し、(12.6)式のような「ネガティブ情報の価値構造モデル」を提案している。(12.6)式のN_Aは、行動主体Aにとってのネガティブ情報の価値であり、n_{A1}とn_{A2}は、それぞれ行動主体Aにとっての内容的価値と占有的価値である。

$$N_A = n_{A1} + n_{A2} = 0 \quad (ただし、n_{A1}<0, n_{A2}>0) \tag{12.6}$$

　(12.6)式において、ネガティブ情報の内容的価値n_{A1}は明らかに負であるため、情報の価値N_Aをゼロに保つということは、占有的価値が$n_{A2} = -n_{A1}>0$で、正の値となることを意味する[12.16]。ネガティブ情報を占有した状態では、負の内容的価値n_{A1}が正の占有的価値n_{A2}によって相殺され、情報の価値N_Aが0に保たれるのである。

　しかしながら、もしネガティブ情報が行動主体Bへと流出してしまったとすると、情報の占有的価値n_{A2}が失われるため（$n_{A2}=0$）、情報の価値N_Aは負の値（$N_A = n_{A1}<0$）となってしまう。一方で、行動主体Bにとってのネガティブ情報の価値$N_B(=n_{B1}>0)$は明らかに正であるため、ネガティブ情報が行動主体Aから行動主体Bに伝わる際に、行動主体Aにとっての負の内容的価値n_{A1}が、行動主体Bにとっては正の内容的価値n_{B1}へと変化することになる

[12.16]．これにより，行動主体Aは行動主体Bに対して劣位の状況（負の非対称性）に陥ってしまうのである．

こうして，ネガティブ情報の流出（共有）は，行動主体Aに劣位性を，また行動主体Bには優位性を与えることになる．ここに，情報が流出しても行動主体Aと行動主体Bを対等な関係へと導くにすぎないポジティブ情報との大きな違いが存在するのである．そういった意味で，ネガティブ情報には，ポジティブ情報の場合以上に，多くの情報遮断エネルギーを投入することが求められる．

もし，行動主体Aが上記の情報遮断エネルギーを投入しないと（放っておくと），情報占有の際に生じる位置エネルギーが，社会に働く（かのように見える）情報引力[12.7]，[12.8]により「運動エネルギー」へと変換され，ネガティブ情報が流出してしまうのである．ネガティブ情報を悪用した「ゆすり」という反社会的な行動は，その典型例であり，個人情報もこれ（ネガティブ情報）に類似した性格を有している．

12.6 個人情報の価値構造モデル

個人情報は，その所有者（行動主体A）にとって，他人に知られなければ何の不利益にもならないが，もしそれが流出してしまうと不利益を生じさせる危険性がある．そういった意味で，山下[12.18]はこれ（個人情報）を「潜在的ネガティブ情報」として位置づけている．一方で，個人情報を提供された企業（行動主体B）と，それを手に入れようとする第三者（行動主体C）にとっては，正の内容的価値を持つため，それは明らかに「ポジティブ情報」である．そこで，こうした3者の間での情報の非対称性・対称性に注目し，個人情報の価値構造を検討していくことにしよう．

まず，前節で述べたネガティブ情報のモデル[12.16]，[12.17]に従って，行動主体Aにとって「潜在的ネガティブ情報」となる個人情報の価値$P_A(t)$を，その内容的価値p_{A1}と占有的価値p_{A2}に分解することにより，(12.7)式のよう

に捉えることにする。ただし、(12.7)式において、記号Pやpを、ポジティブではなくポテンシャルという意味で用いている点に注意を要する。また、(12.7)式のtは、行動主体Aと行動主体Bが第三者（行動主体C）に対して個人情報（潜在的ネガティブ情報）を占有している状態（$t=1$）か、それが第三者に流出してしまった状態（$t=2$）かを示している。

$$P_A(t) = p_{A1} + (2-t) \cdot p_{A2} \tag{12.7}$$

まず、個人情報を占有している状態（$t=1$）では、個人情報の持つ負の内容的価値p_{A1}を、第三者に対する正の占有的価値p_{A2}で相殺し、情報の価値をゼロ（$P_A(1)=0$）に保っているため、$p_{A1}=-p_{A2}$となる。しかしながら、その情報が第三者に流出すると（$t=2$）、正の占有的価値が消滅して（$2-t=0$）、負の価値を背負ってしまうことになる（$P_A(2)=p_{A1}<0$）。そういった意味で、個人情報は行動主体Aにとって、まさしく「潜在的ネガティブ情報」なのである。そこで、行動主体Aには、これが第三者（行動主体C）へと流出しないよう、情報遮断エネルギーを投入することが求められる[12.18]。

一方、行動主体B（行動主体Aの個人情報を提供された企業）にとって、行動主体Aの個人情報は、行動主体Cに対し正の内容的価値p_{B1}を持つ「ポジティブ情報」であるため、$t=1$であっても$t=2$であっても、常に情報の価値$P_B(t)$は正となる[12.18]。そこで、**12.4節**で述べたポジティブ情報のモデルに従って、行動主体Bにとっての情報の価値$P_B(t)$を定式化すれば、次のようになる。

$$P_B(t) = p_{B1} + (2-t) \cdot p_{B2} > 0 \tag{12.8}$$

ここで注目すべき点は、$t=2$のとき、行動主体Aにとって流出した個人情報の価値$P_A(2)$は負であるが、行動主体Bにとっては、正の占有的価値p_{B2}を失うだけで、正の内容的価値p_{B1}が残るため、情報の価値$P_B(2)$も正の状態が維持されることである。そのため、行動主体Bは行動主体Aに比較して不十分な情報遮断エネルギーの投入になりがちであり、このことが近年の個人情

報流出事件を引き起こす一要因となっているかもしれない。

　それでも、行動主体Bが行動主体Aの個人情報を流出させたことを、行動主体Aが知ったときに行動主体Bが受ける非難や賠償のリスクを、また社会が知ったときに受ける非常に大きな社会的制裁を、十分に把握していれば、こうした行動はとらないはずである。しかしながら、行動主体Bは複数の人間で構成される組織（企業）であるだけに、その中には第三者（行動主体C）から何らかの見返りがあれば、個人情報を第三者に提供しようとするメンバーがいるかもしれない。このようなメンバーにとっては、個人情報を第三者に提供しても、占有的価値を失うだけで、正の内容的価値は維持され、負の非対称性には陥らないため、情報流出が発覚する確率が非常に低いと主観的に考えたとすると、その見返りに魅力を感じて情報を流出させてしまうのである。このことからも、従業員に対する経営倫理教育や情報倫理教育の重要性が示唆される。

　次に、行動主体C（第三者）にとっての情報の価値$P_C(t)$に注目すると、行動主体Bと同様、行動主体Cにとっても行動主体Aの個人情報は「ポジティブ情報」であるが、行動主体Cは、$t=1$のときその情報を持たず$P_C(1)=0$であるため、行動主体Bに対して$P_B(1)(=p_{B1}+p_{B2})$の分だけ、劣位の状況に置かれることになる。そこで、山下［12.18］は、行動主体Bと行動主体Cにとっての個人情報の価値$P_B(t)$と$P_C(t)$を、次のように定式化している。

$$P_B(t) = p_{B1} + (2-t) \cdot p_{B2} = p_{B1} + (2-t) \cdot b_C \cdot p_{C1} > 0 \tag{12.9}$$

$$P_C(t) = (t-1) \cdot p_{C1} \tag{12.10}$$

　上記の(12.9)式は、$t=1$のとき$2-t=1$となって、行動主体Bが、行動主体Cにとっての情報獲得願望係数b_Cと情報の内容的価値p_{C1}の積の分だけ占有的価値p_{B2}を持つこと（$p_{B2}=b_C \cdot p_{C1}$）を示している。ただし、上記の内容的価値p_{C1}は、行動主体Cが個人情報を手に入れたとき（$t=2$）に生じる「潜在的な価値」であることに注意を要する。そのため、この個人情報が行動主体Bから第三者（行動主体C）へと流出すると（$t=2$）、$t-2=0$となって、行動

主体Bは占有的価値を失うことになる[12.18]。

一方で、行動主体Cは(12.10)式のように、$t=1$のとき行動主体Aの個人情報を持たないため、$t-1=0$となって情報の価値$P_C(1)=0$であるが、その情報を手に入れると$(t=2)$、$t-1=1$で、情報の内容的価値p_{C1}の分だけ情報の価値$P_C(2)$を手に入れることになる。このとき、情報獲得願望b_Cは消滅し、情報の占有的価値も生じない（ただし、行動主体AとB以外の行動主体に対しては情報の占有的価値を手にすることになる）。

ここで、もし行動主体Cにとって、行動主体Aの個人情報が非常に魅力的（内容的価値p_{C1}と情報獲得願望係数b_Cがともに大きい状態）であったとすると、行動主体Bに対して何らかの「見返り」を提供することで、その個人情報を手に入れようとするかもしれない。前述のように、行動主体Bは行動主体Aに比較して不十分な情報遮断エネルギーになりがちであるため、行動主体Cは行動主体Aよりも行動主体Bに対して見返りを提供する方が、効果的であると考えるのである。

日本における個人情報流出事件の多くは、こうした「見返り」の誘惑から生じた問題であろう。そこで、山下[12.18]は前述の情報遮断エネルギー[12.4]，[12.8]に加えて、「見返り遮断エネルギー」の重要性を指摘している。組織において、見返りを遮断するエネルギーを投入しないと、メンバーによっては見返りの誘惑に負けて、個人情報や機密情報を流出させてしまうような反社会的行動を起こしかねない。したがって、社会における「情報引力」の存在を認識した上で、情報遮断エネルギーと見返り遮断エネルギーの重要性に対する十分な理解を育むことが、今後の従業員教育（**第4章**を参照）、とりわけ前述のように、経営倫理教育や情報倫理教育に求められるのである。

参考文献

[12.1] 折戸洋子，山下洋史："情報共有の重要性と個人情報保護"，日本経営システム学会 第35回全国研究発表大会講演論文集，pp.270-271, 2005

[12.2] Akerlof, G.:"The market for lemons：quality uncertainty and the market mechanism", *Quarterly Journal of Economics*, Vol.84, No.3, pp.488-500, 1970

[12.3] 夏路，山下洋史，村山賢哉："「情報の非対称性」の概念に基づく行動分析モデル"，文部科学省オープンリサーチセンター整備事業「クォリティ志向型人材育成とスマート・ビジネス・コラボレーション」研究プロジェクト2011年度研究成果報告集，pp.387-398, 2012

[12.4] 山下洋史，権善喜，安松大悟，東海詩帆："情報の非対称性における利他的行動モデルと利己的行動モデル"，日本経営システム学会誌，Vol.32, No.1, pp.77-83, 2015

[12.5] 山下洋史：情報管理と経営工学，東京経済情報出版，1999

[12.6] Casson, M.著，手塚公登，井上正訳：情報と組織，アグネ承風社，2002

[12.7] 山下洋史，鄭年皓，夏路："情報の非対称性における情報引力モデル ―「情報の非対称性」に関する研究（第2報）―"，第49回日本経営システム学会全国大会講演論文集，pp.102-105, 2011

[12.8] 山下洋史："情報引力モデルにおける情報の内容的価値と占有的価値"，明大商学論叢，Vol.96, No.4, 2014

[12.9] 野口悠紀雄：情報の経済理論，東洋経済新報社，1974

[12.10] Raven, H.:"Social influence and power", In I.D. Steiner and M. Fishbein (Eds.), *Current Studies in Social Psychology*, Holt, Rinehart & Winnston, 1965

[12.11] Raven, H., Schwarzwald, J. and Koslowsky, M.:"Conceptualizing and Measuring a Power / Interaction Model of Interpersonal Influence", *Journal of Applied Psychology*, Vol.28, No.4, pp.307-332, 1998

[12.12] Mayo, E.: *Human Problems of an Industrial Civilization*, Routledge & Kegan Paul, Macmillan, 1933

[12.13] Douglass, M.: *The Human Side of Enterprise*, McGraw-Hill Book, 1960

[12.14] 山下洋史，夏路，鄭年皓，臧巍："二者間の「情報の非対称性」に関する概念モデル―「情報の非対称性」に関する研究（第1報）―"，日本経営システム学会第47回全国研究発表大会講演論文集，pp.166-169, 2011

[12.15] 山下洋史，村田潔編著：スマート・シンクロナイゼーション，同文舘出版，2006

［12.16］山下洋史，権善喜，諸上詩帆："ネガティブ情報の内容的価値と占有的価値"，第53回日本経営システム学会全国大会講演論文集，pp.190-193, 2014

［12.17］諸上詩帆，山下洋史："ネガティブ情報の占有と共有における情報所有者の心理"，第53回日本経営システム学会全国研究発表大会講演論文集，pp.194-197, 2014

［12.18］山下洋史："情報の価値構造と個人情報流出問題"，日本経営倫理学会第24回研究発表大会予稿集，pp.30-34, 2016

第13章 魅力的就職条件と当たり前就職条件の分析モデル

　企業活動を展開するための経営資源が、ヒト・カネ・モノ・情報の3M＋I（Man, Money, Material, Information）に大きく分類されることは「はしがき」で述べた通りであるが、これらの経営資源を有効に活用することは、企業価値を高めることへとつながる。とりわけ、こうした3M＋Iの中でも、「ヒト」という経営資源（人的資源）は、プライム・リソースといわれており、企業には、優秀な人材を採用し、その能力を伸ばしていくような動機づけと教育訓練が求められる。

　ここで、「優秀な人材の採用」に焦点を当てると、当然のことながら、就職活動を展開する人材（主に、学生）にとって好ましい労働条件、そして魅力的な労働条件を用意する必要がある。賃金・福利厚生や労働時間等の労働条件を整備することが求められるのである。山下・萩原[13.1]は、こうした点に注目し、品質管理の領域における狩野モデル[13.2]の「魅力的品質」「当たり前品質」と、行動科学の領域におけるハーズバーグ[13.3]の「動機づけ要因」「衛生要因」の枠組みを基に、就職活動を展開する学生にとってのさまざまな労働条件（以下、「就職条件」）を、「魅力的就職条件」と「当たり前就職条件」に分けて考える枠組みを提示している。

　前者（魅力的就職条件）は、それが充足されれば魅力的であるが、充足しなくても「やむを得ない」と考える就職条件である。また、後者（当たり前就職条件）は、それが充足されないと不満をもたらすが、充足したからといって満足を生み出すわけではなく、これだけは「妥協することができない」と考える就職条件である。すなわち、後者の当たり前就職条件は、それが充足されることが当たり前で、充足されないと不満をもたらすような就職条件なのである。

本章では、上記のような「魅力的就職条件」と「当たり前就職条件」の枠組みとその分析モデルを概説するとともに、山下・萩原[13.1],[13.4]が大学生に対して実施した魅力的就職条件と当たり前就職条件のアンケート調査の分析結果を紹介していくことにする。これにより、学生にとっての就職条件には、満足要因（魅力的就職条件）と不満要因（当たり前就職条件）が存在すること、またワーク・ライフ・バランス（WLB）の実現が、一つの重要な就職条件となっていることを示唆する。

13.1 魅力的品質・当たり前品質と動機づけ要因と衛生要因

製品やサービスのさまざまな品質には、消費者にとって「魅力」を生み出す品質と、「不満」を生み出す品質があるものと思われる。例えば、他社の製品にはないような付加機能は多くの場合、消費者にとって「魅力」を生み出す品質となり、製品の故障は消費者にとって「不満」をもたらす品質となる。ここで、強調すべきことは、前者（他社の製品にはないような付加機能）が充足されていなくても、それが直接的に不満を生じさせるわけではなく、後者（故障しないこと）が充足されていても、それが直接的に満足を生み出すわけではないという点である。

狩野[13.2]は、こうした点に注目し、消費者にとって、魅力（満足）を生み出す前者の品質と不満をもたらす後者の品質を、それぞれ「魅力的品質」と「当たり前品質」として位置づける「狩野モデル」を提示している。このように、狩野モデル[13.2]において、前者の「魅力的品質」は、それが充足されていれば消費者に魅力（満足）を与えるが、それが充足されていなかったとしても直接的に不満をもたらすわけではない「満足要因」を意味し、後者の「当たり前品質」は、それが充足されていないと消費者に不満をもたらすが、それが充足されていても直接的に満足をもたらすわけではない「不満要因」を意味する。したがって、「当たり前品質」をいくら高めても、消費者に満足を与えることはできず、コストだけが上昇してしまうことになる[13.1]。

狩野モデル[13.2]は、多くの企業、とりわけ製造業の企業に浸透しており、従来は消費者が要求する品質の水準が充足されていれば満足をもたらし、充足されていなければ不満をもたらすという一次元的な品質（これを、狩野[13.2]は「一元的品質」と呼んでいる）の視点から、製品の品質を捉えてきたことに対する反省を促し、消費者に魅力を与えるための品質（魅力的品質）と不満を生じさせないようにするための品質（当たり前品質）を明確に区別した商品企画や製品設計が必要であることを示唆している。すなわち、当たり前品質を確実に維持した下で、いかに新たな魅力的品質を生み出していくかが、企業における商品企画や製品設計に求められるのである。

一方、行動科学の領域において、従業員の職務満足を、「満足要因」と「不満要因」に分類する理論として、ハーズバーグ[13.3]の「動機づけ・衛生理論」が広く知られている（**第8章**を参照）。動機づけ・衛生理論では、マズローの欲求5段階説を基礎にして、職務満足と不満足をもたらすさまざまな要因を、動機づけ要因（満足要因）と衛生要因（不満要因）の2つに分類している。すなわち、それまで1次元的（狩野モデル[13.2]の「一元的品質」に相当する）に捉えられてきた、職務や労働に関するさまざまな要因（various factors）を、動機づけ要因（motivatorsまたはmotivational factors）と衛生要因（hygienesまたはhygiene factors）という2次元の枠組みへと拡張したのである。

前者の動機づけ要因は、マズローの欲求5段階説における高次の欲求から生じる要因であり、それが充足されると職務満足をもたらすが、それが充足されないからといって必ずしも不満を起こすわけではない「満足要因」である。これに対して、衛生要因は、それが充足されても不満を防ぐにすぎず、それが充足されないと不満を起こすことになる「不満要因」である。すなわち、ハーズバーグ[13.3]は、職務に対する満足（職務満足）と不満を別次元[13.5]として位置づけたのである。

ここで注目すべきことは、「給与」を動機づけ要因ではなく、衛生要因として位置づけたことである（**第8章**を参照）。従来は、給与が高ければ従業

員に職務満足をもたらし、低ければ不満をもたらすという1次元的考え方が支配的であったことに対して疑問を投げかけ、給与を高めただけでは職務満足に結びつかないとする「不満要因」の考え方を広く社会に植えつける役割を果たしたのである。

13.2 魅力的就職条件と当たり前就職条件

　日本人の就職は、職に就く「就職」の意識というよりも、会社に就くという「就社」の意識（**第3章を参照**）に近いことが、しばしば指摘される。そのため、日本では多くの学生が長期勤続（あるいは、終身雇用）を前提にした就職活動（就社活動）を展開しており、こうした就職活動では、予め何年か経験を積んだら他の企業に移ることを前提にした就職活動に比較して、より慎重な就職条件の吟味が必要になる[13.1]。

　しかしながら、高度成長期やバブル期とは異なり、バブル崩壊後は学生にとって非常に厳しい就職活動が繰り広げられている。そこで、学生はさまざまな就職条件に対して、自身のプライオリティを設定し、優先度の低い就職条件は充足しなくても「やむを得ない」と考えることが予想される。すなわち、充足すれば魅力的であるが、充足しなくても「やむを得ない」と考える就職条件と、これだけは「妥協することができない」と考える就職条件という就職活動のプライオリティ[13.1]が存在すると考えられるのである。こうしたプライオリティが、理想を言えばきりのない就職条件のハードルを下げ、厳しい就職活動の中でも内定獲得の確率を高める役割を果たすことになる。

　上記のような就職条件のプライオリティに注目し、山下・萩原[13.1]は、狩野モデル[13.2]が焦点を当てていた、顧客にとっての製品・サービスの品質を、就職前の学生にとっての就職条件（労働条件）へと置き換えた「魅力的就職条件」と「当たり前就職条件」の枠組みを提示している。その基本的な考え方は、顧客にとって自身の満足を生み出す品質（魅力的品質）と不満を生み出す品質（当たり前品質）が存在するのと同様に、就職活動を展開す

る学生にとっても、自身の満足を生み出す就職条件（魅力的就職条件）と不満を生み出す就職条件（当たり前就職条件）が存在するであろうというところにある。すなわち、前者（魅力的品質と魅力的就職条件）は、それが充足されれば顧客や学生にとって満足が得られるが、充足されなくても直接的には不満が生じるわけではない「満足要因」となるのに対して、後者（当たり前品質と当たり前就職条件）は、それが充足されても直接的に満足が得られるわけではないが、それが充足されないと不満が生じる「不満要因」となるのである。

こうした考え方は、ハーズバーグ[13.3]の動機づけ・衛生理論とも共通している。すなわち、動機づけ・衛生理論における動機づけ要因（満足要因）が、学生にとっての魅力的就職条件に、衛生要因（不満要因）が当たり前就職条件に、それぞれ対応づけられるのである。

このように、品質管理の領域における狩野モデル[13.2]の「魅力的品質」と「当たり前品質」の枠組みを、就職前の学生にとっての「魅力的就職条件」と「当たり前就職条件」へと置き換えることは、ハーズバーグ[13.3]の動機づけ・衛生理論が焦点を当てていた就職後の従業員を、就職前の学生へと置き換えることに相当する。これにより、就職後の従業員にとっての満足要因（動機づけ要因）と不満要因（衛生要因）の枠組みとほぼ同様の議論を、就職前の学生に対しても展開することが可能になるのである。

13.3　魅力的就職条件と当たり前就職条件のダミー変数重回帰分析モデル

就職活動を展開する学生にとっての就職条件を、前節で述べた「魅力的就職条件」と「当たり前就職条件」の枠組みに従って分析するためのモデルとして、山下・萩原[13.1]は下記のようなダミー変数重回帰分析モデルを提示している。この分析モデルでは、学生が企業 i に就職した場合の満足度 y_i を「就職満足度」として位置づけ、これと魅力的就職条件・当たり前就職条件との関係を被験者（学生）別に捉えている。

その際、上記の就職満足度y_iを、これが「満足」の場合$y_i>0$、「不満」の場合$y_i<0$で、「どちらともいえない」の場合は$y_i=0$に中心化した上で、それぞれの就職条件を、それに当てはまれば1、当てはまらなければ0のダミー変数d_{ijkc}により記述している。ただし、添え字jは魅力的就職条件（$j=1$）か当たり前就職条件（$j=2$）を表す添え字であり、kは要因を表す添え字、cは各要因k内の水準（好ましい順に$c=1,2,3$）を表す添え字である。

そこで、上記の就職満足度y_iに対して、「魅力的就職条件」と「当たり前就職条件」が与える影響を被験者別に分析すべく、山下・萩原[13.1]は(13.1)式のような分析モデルを提案している。ただし、(13.1)式のa_{jkc}はカテゴリー・ウェイト（パラメータ）で、e_iは残差である。

$$y_i = \sum_j \sum_k \sum_c a_{jkc} \cdot d_{ijkc} + e_i \tag{13.1}$$

上記の(13.1)式における説明変数d_{ijkc}は、$d_{ijk1}+d_{ijk2}+d_{ijk3}=1$となるダミー変数であるため、そのままでは説明変数の「ランク落ち」が生じ（行列式の値が0となってしまう）、正規方程式を解くことができない。そこで、こうしたランク落ちの問題に対して、魅力的就職条件の水準$c=3$と、当たり前就職条件の水準$c=1$を除去することにより、説明変数のランク落ちを回避することにしよう。その際、当たり前就職条件の水準cについては、$c=2$を$c=1$に、$c=3$を$c=2$に、それぞれcの番号を置き換えることになる。これにより、上記のランク落ちを回避し、(13.1)式のモデルにおけるカテゴリー・ウェイトa_{jkc}の最小二乗解を、通常の正規方程式により求めることが可能になる[13.1]。

ここで、魅力的就職条件のうち1つの水準（$c=3$）と、当たり前就職条件のうち1つの水準（$c=1$）を除去することは、これらのカテゴリー・ウェイトを0に固定することを意味するため、もし(13.1)式のモデルにより就職満足度y_iを模写することができれば、魅力的就職条件と当たり前就職条件の枠組みの妥当性を確認することができる。すなわち、魅力的就職条件の水準$c=3$と、当たり前就職条件の水準$c=1$を除去することにより、説明変数の

ランク落ちを回避するだけではなく、魅力的就職条件と当たり前就職条件の枠組みの妥当性についても確認することができるのである。

そこで、山下ら[13.1]は魅力的就職条件と当たり前就職条件を組み合わせたプロファイル・データ（**表13.1**）を学生に提示して各プロファイルの企業iに対する「就職満足度」を、7件法（「大いに不満」「かなり不満」「やや不満」「どちらともいえない」「やや満足」「かなり満足」「大いに満足」の7段階）で回答してもらい、(13.1)式のモデルの実証分析を試みている。その際、実験計画法の$L_9(3^4)$型直交配列により、魅力的就職条件と当たり前就職条件を組み合わせて企業のプロファイル・データを作成している。ここで、直交配列を用いているのは、被験者（大学生）にかかる時間的・労力的な負荷を軽減するためであり、すべての組み合せを調査すると3^4回＝81回の回答数となる調査を9回の回答数へと大幅に削減[13.1]することができる。

表13.1のプロファイル・データからダミー変数d_{ijkc}を作成し、このd_{ijkc}と、中心化された就職満足度y_iとの関係を、(13.1)式のモデルにより分析すると、**表13.2**のように、現実に即したカテゴリー・ウェイトa_{jkc}の推定値と、ほとんどの被験者について0.9以上の高い重相関係数が得られ、これよりモデル

表13.1　就職条件のプロファイル・データ：$L_9(3_4)$型直交配列

No.	魅力的就職条件		当たり前就職条件	
	株式上場	診療設備	採用身分	通勤費・住宅手当
1	一部上場	自社病院あり	総合職正社員	両方あり
2	二部上場	医務室あり	総合職正社員	通勤費のみあり
3	非上場	なし	総合職正社員	なし
4	二部上場	なし	一般職正社員	両方あり
5	非上場	自社病院あり	一般職正社員	通勤費のみあり
6	一部上場	医務室あり	一般職正社員	なし
7	非上場	医務室あり	契約社員	両方あり
8	一部上場	なし	契約社員	通勤費のみあり
9	二部上場	自社病院あり	契約社員	なし

表13.2 カテゴリー・ウェイト a_{jkc} の推定値と重相関係数

プロファイル(水準)	重相関係数	一部上場	二部上場	非上場	病院あり	医務室あり	なし	総合職	一般職	契約社員	通勤・住宅手当	通勤費のみ	なし
被験者1	0.999	1.444	0.778	−	1.444	0.778	−	−	−2.889	−3.889	−	−0.556	−1.222
被験者2	0.974	1.111	1.111	−	1.444	1.778	−	−	−1.556	−3.222	−	−0.889	−1.889
被験者3	0.978	1.333	1.333	−	1.333	1.333	−	−	−0.667	−2.667	−	−0.667	−1.667
被験者4	0.949	1.111	1.444	−	1.111	0.444	−	−	−3.222	−4.222	−	0.111	−0.556
被験者5	0.980	1.778	1.111	−	0.778	1.111	−	−	−0.556	−4.556	−	−0.222	0.111
被験者6	0.846	1.222	0.889	−	0.889	1.222	−	−	0.222	−2.111	−	−0.111	−0.778
被験者7	0.785	1.111	1.111	−	0.778	1.444	−	−	−0.222	−1.556	−	−0.556	−2.222
被験者8	0.997	2.444	0.444	−	0.444	−0.556	−	−	−0.556	−0.556	−	−0.889	−2.222
被験者9	0.938	1.000	1.000	−	1.333	0.667	−	−	0.333	−1.333	−	−1.667	−3.333
被験者10	0.885	0.889	1.222	−	1.222	0.889	−	−	−0.111	−2.778	−	−0.111	−1.778
被験者11	0.964	1.111	1.444	−	1.444	1.111	−	−	−0.889	−2.556	−	−0.556	−1.889
被験者12	0.909	1.333	0.667	−	1.000	1.000	−	−	−0.333	−1.667	−	−0.667	−2.333
被験者13	0.869	1.222	1.222	−	0.889	1.556	−	−	−1.111	−2.444	−	−0.778	−1.778
被験者14	0.938	1.556	1.556	−	0.889	1.222	−	−	−0.111	−1.778	−	−0.778	−2.111
被験者15	0.704	0.778	0.778	−	1.111	0.444	−	−	0.111	−1.556	−	−0.222	−1.222
被験者16	0.879	1.000	1.000	−	1.333	0.667	−	−	0.333	−1.333	−	−0.667	−3.333
被験者17	0.976	1.111	1.444	−	1.444	1.111	−	−	0.111	−2.556	−	−0.556	−2.889
被験者18	0.930	1.333	1.333	−	1.000	0.667	−	−	0.000	−2.333	−	−1.000	−2.333
平均	0.917	1.272	1.105	−	1.105	0.938	−	−	−0.617	−2.395	−	−0.599	−1.858

の妥当性を確認することができる。さらに、魅力的就職条件を充足しない水準($c=3$)と、当たり前就職条件を充足する水準($c=1$)を除去することは、これらのカテゴリー・ウェイトを0に固定することを意味するため、これらの水準を除去しても、就職満足度（被説明変数）が高い精度（概ね0.9以上の高い重相関係数）で模写されていることは、魅力的就職条件と当たり前就職条件の枠組みの妥当性を示しているのである。

13.4 ワーク・ライフ・バランスを考慮した就職条件の就職満足度分析モデル

ここまで述べてきた「魅力的就職条件」と「当たり前就職条件」の分析視座に対して、山下・萩原[13.4]は「一元的就職条件」を新たに追加し、これらの就職条件と、学生がその企業に「就職する場合の満足度」（就職満足度）

との関係を定量的に捉えるための分析モデルを提案している。ただし、上記の「一元的就職条件」は、「魅力的就職条件」や「当たり前就職条件」とは異なり、これが充足されれば満足を、充足されなければ不満を、それぞれ生じさせる就職条件であり、品質管理の領域における狩野モデル[13.2]の「一元的品質」に相当する。これにより、上記の魅力的就職条件($j=1$)、当たり前就職条件($j=2$)、一元的就職条件($j=3$)が、就職満足度に対して与える影響の違いをモデル化したのである。

その際、(13.1)式のモデル[13.1]における魅力的就職条件と当たり前就職条件に対して、新たにワーク・ライフ・バランス（以下、「WLB」）に関する就職条件を組み込んでいる。また、これらの就職条件に加えて上記の一元的就職条件が追加されるため、そのままでは要因数が増加し、被験者にかかる負荷が増大してしまう。そこで、(13.1)式のモデル（以下、「基本モデル」）では3水準であった各要因の水準数を2水準（要因kを充足する水準が$c=1$で、充足しない水準が$c=2$）へと圧縮することで、プロファイル・データの組み合わせ数の増大を抑制している。

一方、基本モデル[13.1]は、被験者s（学生）別にカテゴリー・ウェイトの最小二乗解を推定する分析モデルであったため、被験者の属性t（ここでは、学年）ごとの違いを単純には比較することができなかった。そこで、山下・萩原[13.4]は、被験者s別のモデルであった基本モデルを1つのモデルへと統合すべく、被験者s別のカテゴリー・ウェイトa_{tsjkc}（個人差パラメータ）と定数項b_{ts}（被験者s別の平均）のみならず、属性t別のパラメータw_{tjk}（属性差パラメータ）と全被験者共通のパラメータW_3（一元的就職条件に対するウェイト）を新たに導入することにより、(13.2)式のような就職満足度分析モデルへと拡張している。ただし、属性tや被験者sが異なっても、同一の企業iであれば、ダミー変数d_{ijkc}（説明変数）は共通であることに注意を要する。

$$y_{tsi} = b_{ts} + \sum_{j=1}^{2}\sum_{k=1}^{3}w_{tj}\cdot\sum_{c=1}^{2}a_{tsjkc}\cdot d_{ijkc} + W_3\cdot(a_{ts311}\cdot d_{i311} + a_{ts312}\cdot d_{i312}) + e_{tsi} \qquad (13.2)$$

(13.2)式のモデル（以下、「拡張モデル」）において、tは被験者の属性を表す添え字、kは要因を表す添え字、cは各要因内の水準を表す添え字で、e_{tsi}は残差である。また、被説明変数y_{tsi}は、基本モデル[13.1]と同様、企業iに対する就職満足度（「どちらともいえない」の場合$y_{tsi}=0$で、「満足」の場合$y_{tsi}>0$,「不満」の場合$y_{tsi}<0$）であり、説明変数d_{ijkc}は、それぞれの就職条件（プロファイル・データ）を表すダミー変数である。ただし、一元的就職条件については、これが充足されれば満足を、充足されなければ不満を、それぞれ生じさせる就職条件であるため、水準の除去を行っていない。

その際、説明変数行列の「ランク落ち」を回避すべく、一元的就職条件（$j=3$）の要因数については、1要因のみに限定している（水準の除去を行わない要因数が1つの場合、上記の「ランク落ち」は生じない）。したがって、(13.2)式の拡張モデルにおける魅力的就職条件（$j=1$）と当たり前就職条件（$j=2$）については複数の要因を設定しているが、一元的就職条件（$j=3$）については1要因のみの設定となる。

このように、(13.2)式の拡張モデル[13.4]は、①被験者sによって異なる個人差パラメータa_{tsjkc}（カテゴリー・ウェイト）と、②同じ属性tであれば共通の属性差パラメータ$w_{tj}(j=1,2)$、および③全被験者共通のパラメータW_3（一元的就職条件に対するウェイト）を持つところに特徴があり、①のa_{tsjkc}により、要因kにおける水準c（ただし、前述のように、魅力的就職条件と当たり前就職条件の実質的な水準数は1）が就職満足度y_{tsi}に与える影響の大きさを、被験者sごとに把握することができる。また、②のw_{tj}により、魅力的就職条件（$j=1$）と当たり前就職条件（$j=2$）が就職満足度y_{tsi}に与える影響の違いを、被験者の属性t別に捉えることができる。さらに、③のW_3により、一元的就職条件（$j=3$）が満足度y_{tsi}に与える影響の大きさを、全被験者共通の値として捉えることができる。その上で、魅力的就職条件の個人差

パラメータ a_{ts1k1}（カテゴリー・ウェイト）が正、当たり前就職条件の個人差パラメータ a_{ts2k2} が負となるかどうか、および一元的就職条件の個人差パラメータ a_{ts311} が正で、a_{ts312} が負となるかどうかを確認することにより、「魅力的就職条件」「当たり前就職条件」「一元的就職条件」の枠組みの妥当性を検証することができる[13.1]。

(13.2)式の拡張モデル[13.4]は、互いに分離可能[13.6]でない複数のパラメータ群 $(a_{tsjkc},\ w_{tj},\ W_3)$ を持つため、一度にこれらのパラメータ群を推定することはできない。そこで、山下・萩原[13.4]は下記のような2段階の手順で、パラメータ a_{tsjkc} と w_{tj} および W_3 を推定する方法を提示している。

〈手順1〉 個人差パラメータ a_{tsjkc} の設定

まず、被説明変数 y_{tsi} の被験者別平均 b_{ts} を算出し、個人差パラメータ a_{tsjkc} を(13.3)式のように定義する。これにより、個人差パラメータ a_{tsjkc} は、中心化された被説明変数 $(y_{tsi} - b_{ts})$ を、各要因 k における水準 c の該当数 $m(= n/2)$ で割った被験者別の平均となる。

$$a_{tsjkc} = \sum_{i=1}^{n}(y_{tsi} - b_{ts}) \cdot d_{ijkc}/m \tag{13.3}$$

ただし、前述のように、魅力的就職条件 $(j=1)$ は、これが充足されれば満足をもたらすが、充足されないとしても直接的に不満をもたらすわけではないため、$a_{ts1k2}=0$ に固定し、逆に当たり前就職条件 $(j=2)$ については、これが充足されないと不満をもたらすが、充足されたとしても満足をもたらすわけではないため、$a_{ts2k1}=0$ に固定する。

〈手順2〉 属性差パラメータ w_{tj} と全被験者共通のパラメータ W_3 の推定

手順1の(13.3)式により算出した個人差パラメータ a_{tsjkc} を用いて、(13.4)式の u_{tsijkc} を計算し、これを要素とする説明変数行列 U を作成する。説明変数行列 U の行は属性 t と被験者 s と企業 i の組合せを意味し（ただし、s は t に対して従属）、列は j と要因 k と水準 c の組合せを意味するが、魅力的就職

条件（$j=1$）については、個人差パラメータを$a_{ts1k2}=0$に固定するため、水準$c=2$を除去する。これと同様に、当たり前就職条件（$j=2$）についても、個人差パラメータを$a_{ts2k1}=0$に固定するため、水準$c=1$を除去する。

$$u_{tsijkc} = a_{tsjkc} \cdot d_{ijkc} \tag{13.4}$$

その上で、$y_{tsi} - b_{ts}$を要素とする被説明変数ベクトル$\boldsymbol{y} = (y_{tsi} - b_{ts})$を作成し、この$\boldsymbol{y}$と$\boldsymbol{U}$を用いて、(13.5)式の正規方程式により、属性差パラメータw_{tj}と全被験者共通のパラメータW_3を要素とするウェイト・ベクトル$\boldsymbol{w} = (\boldsymbol{w}_{(tj)}, W_3)$の最小二乗解を推定する。

$$\boldsymbol{w} = (\boldsymbol{U}^T \cdot \boldsymbol{U})^{-1} \cdot \boldsymbol{U}^T \cdot \boldsymbol{y} \tag{13.5}$$

こうして推定したw_{tj}とW_3を用いて、(13.2)式のモデル式により、拡張モデル[13.4]における被説明変数y_{tsi}（就職満足度）の推定値を求めた上で、この推定値から重相関係数を算出し、分析を終了する。

13.5　魅力的就職条件・当たり前就職条件・一元的就職条件の実証分析

ここでは60名の学生（2年生：17名，3年生：18名，4年生：25名）に対するアンケート調査[13.7]により収集した就職満足度y_{tsi}のデータを用いて、前節の拡張モデルの実証分析を試みた分析結果[13.4]を紹介していくことにしよう。このアンケート調査は、**表13.3**のように、WLBに関する就職条件（フレックス・タイム制度、深夜勤務、土日出勤）を要因kとして組み込んでいるところに特徴がある。ただし、各要因kの水準cについては、前節で述べたように、水準数を2に設定しているため、**表13.1**のプロファイル[13.4]に用いた$L_9(3^4)$型直交配列ではなく、$L_8(2^7)$型直交配列により作成したプロファイル・データを使用する。

その上で、前節の**手順1**と**手順2**に従って、企業のプロファイルを表すダミー変数d_{ijkc}と就職満足度y_{tsi}との関係を分析し、(13.2)式の拡張モデルの妥

表13.3 実証分析におけるプロファイル・データ：$L_8(2^7)$型直交配列

データNo.	魅力的就職条件			当たり前就職条件			一元的就職条件
i	株式上場	留学制度	フレックスタイム	採用身分	深夜勤務	土日出勤	初任給
$i=1$	上場	あり	あり	正規社員	なし	なし	業界平均より5万円高い
$i=2$	上場	あり	なし	契約社員	あり	あり	業界平均より5万円高い
$i=3$	非上場	なし	あり	正規社員	あり	あり	業界平均より5万円高い
$i=4$	非上場	なし	なし	契約社員	なし	なし	業界平均より5万円高い
$i=5$	上場	なし	あり	契約社員	あり	なし	業界平均より5万円低い
$i=6$	上場	なし	なし	正規社員	なし	あり	業界平均より5万円低い
$i=7$	非上場	あり	あり	契約社員	なし	あり	業界平均より5万円低い
$i=8$	非上場	あり	なし	正規社員	あり	なし	業界平均より5万円低い

当性を検討していくことにする。

　上記の実証分析により得られた個人差パラメータa_{tsjkc}（被験者s別のカテゴリー・ウェイト）と定数項b_{ts}（就職満足度y_{tsi}の被験者s別平均）を表13.4に、また個人差パラメータa_{tsjkc}の属性t別平均を表13.5に、それぞれ示す。さらに、属性差パラメータw_{tj}（魅力的就職条件と当たり前就職条件に対するウェイト；それぞれ1つの水準を除去するため、添え字cは消える）と全被験者共通のパラメータW_3（一元的就職条件に対するウェイト）を表13.6に示す。

　表13.3の実証分析（山下・萩原[13.4]）から得られた重相関係数の値は0.894であり、すべての被験者の就職満足度を1つのモデルで記述していることをふまえると、かなり高い重相関係数が得られていることがわかる。この結果は、魅力的就職条件を充足しない水準と、当たり前就職条件を充足する水準を除去し、一元的就職条件については2つの水準をそのまま残す（除去しない）ことの妥当性、言い換えれば上記の個人差パラメータを、$a_{ts1k2}=0$, $a_{ts2k1}=0$に固定することの妥当性を示している。すなわち、魅力的就職条件と当たり前就職条件の枠組み[13.1]に従って、「魅力的就職条件を充足しなくても満足が得られないだけで、不満となるわけではない」「当たり前就職条件を充足しても不満とはならないだけで、満足が得られるわけではない」という考え方に基づき、個人差パラメータa_{ts1k2}とa_{ts2k1}を0に固定しても、比

表13.4 個人差パラメータ a_{tsjkc} と定数項 b_{ts} の推定値

属性 t	被験者 No.	魅力的就職条件			当たり前就職条件			一元的就職条件		定数項 b_{ts}
		一部上場	留学制度	フレックス	契約社員	深夜勤務	土日出勤	初任給高い	初任給低い	
2年	1	1.083	−0.217	0.650	−2.815	0.650	−0.650	1.083	−1.083	3.375
	2	0.866	0.000	0.433	−2.165	0.000	−0.866	1.299	−1.299	3.250
	3	1.299	0.000	0.866	−1.299	0.000	0.000	2.165	−2.165	3.500
	4	0.866	−2.165	0.433	−1.299	0.000	−0.866	1.299	−1.299	3.250
	5	1.516	−0.217	1.083	−1.949	0.217	−0.217	1.516	−1.516	3.375
	6	0.866	0.433	0.866	−1.299	−0.433	−0.866	1.732	−1.732	3.250
	7	0.866	−0.866	0.866	−0.866	−0.866	−0.866	1.732	−1.732	4.000
	8	0.433	0.000	0.000	−1.299	−0.433	−0.866	1.299	−1.299	4.000
	9	0.650	0.650	0.650	−1.516	−0.217	−0.650	1.516	−1.516	3.375
	10	0.650	0.217	0.217	−0.650	−0.217	−0.650	1.083	−1.083	4.875
	11	1.732	0.000	0.433	−0.433	−0.433	−0.433	2.598	−2.598	3.500
	12	0.650	0.650	0.217	−1.083	0.217	−0.217	0.650	−0.650	4.875
	13	0.866	1.732	0.433	−0.433	−0.433	−0.433	0.000	0.000	4.500
	14	1.083	0.217	0.650	−1.516	0.217	−0.217	0.650	−0.650	3.375
	15	0.650	0.650	0.650	−0.650	−0.650	−0.650	1.516	−1.516	2.875
	16	−0.217	0.650	0.650	0.217	−2.815	−3.681	1.083	−1.083	3.125
	17	0.866	−0.866	−0.866	−0.866	0.000	−0.866	0.866	−0.866	4.500
3年	18	0.650	1.516	0.217	−1.083	0.217	0.217	1.949	−1.949	3.625
	19	1.299	0.433	0.433	−2.165	0.433	0.000	0.866	−0.866	3.500
	20	1.949	−0.650	0.650	−1.516	−0.217	−1.083	1.516	−1.516	3.375
	21	0.650	0.217	0.650	−0.217	−0.050	−1.083	1.949	−1.949	4.375
	22	0.866	0.433	0.866	−1.299	−0.433	−0.866	1.732	−1.732	3.750
	23	0.650	0.217	1.083	−0.650	−1.083	−0.650	1.083	−1.083	3.875
	24	0.000	0.433	0.866	−1.299	−0.433	−0.866	0.866	−0.866	4.250
	25	2.598	−2.598	0.000	0.000	0.000	0.000	2.598	−2.598	5.500
	26	1.299	0.000	0.866	−0.433	−0.433	−0.433	0.866	−0.866	3.750
	27	0.433	0.433	0.433	−1.299	−1.299	−1.299	2.165	−2.165	3.250
	28	0.433	0.433	1.299	−3.031	0.433	−0.433	1.299	−1.299	2.750
	29	0.866	0.433	0.866	−3.031	0.433	−0.866	0.866	−0.866	2.750
	30	0.866	0.000	0.433	−3.031	0.866	−0.866	0.433	−0.433	2.750
	31	0.000	0.433	0.433	−1.732	0.000	−0.866	2.165	−2.165	3.500
	32	0.650	0.650	0.217	−1.083	−0.650	−1.083	1.516	−1.516	3.375
	33	0.866	0.433	0.866	−0.433	−0.866	−0.866	0.000	0.000	4.750
	34	1.299	0.000	1.299	−1.732	0.000	−0.433	1.299	−1.299	3.500
	35	1.299	0.000	0.433	−1.732	0.433	0.000	0.866	−0.866	4.250
4年	36	0.000	0.000	1.732	−3.464	0.866	0.000	1.732	−1.732	3.000
	37	0.433	0.000	0.433	−2.598	0.866	−0.433	1.299	−1.299	4.000
	38	1.732	−0.433	0.000	−0.433	−0.866	−1.299	1.299	−1.299	4.000
	39	0.217	1.516	0.217	−1.516	0.650	0.217	1.516	−1.516	4.125
	40	0.000	0.000	0.433	−3.897	1.732	0.000	1.299	−1.299	3.750
	41	0.217	0.217	0.650	−0.650	−0.650	−1.516	0.217	−0.217	4.125
	42	0.866	0.000	0.000	−2.598	0.866	−0.433	0.433	−0.433	4.250
	43	0.866	0.000	0.000	0.000	−1.299	−1.299	2.165	−2.165	3.750
	44	0.866	0.433	0.866	−1.299	−0.433	−0.433	2.165	−2.165	3.000
	45	0.433	0.000	0.000	−3.031	1.299	0.000	1.299	−1.299	4.000
	46	0.650	−0.217	0.650	0.217	−1.949	−1.083	1.083	−1.083	4.125
	47	0.650	−0.217	1.083	−0.217	−1.083	−0.650	2.815	−2.815	3.625
	48	0.000	0.000	0.000	0.000	−2.598	−5.196	0.000	0.000	4.000
	49	0.433	0.000	0.433	−0.866	−0.866	−0.866	1.732	−1.732	3.750
	50	0.217	0.217	0.217	−1.083	−1.083	−1.516	2.382	−2.382	2.875
	51	0.866	0.866	1.732	−1.732	−0.433	−0.433	1.299	−1.299	2.750
	52	0.217	−0.217	0.217	−2.382	1.083	−0.217	1.083	−1.083	3.875
	53	0.866	0.866	1.299	−0.433	−0.866	−0.866	1.299	−1.299	3.750
	54	1.083	0.650	1.516	−1.949	−0.650	−1.083	1.516	−1.516	2.125
	55	0.866	0.433	0.866	−1.299	−0.433	−0.866	0.866	−0.866	3.750
	56	−0.433	0.866	2.165	−2.598	0.433	0.000	1.732	−1.732	3.250
	57	0.217	0.217	0.650	−4.114	1.516	−0.217	0.650	−0.650	3.375
	58	0.000	0.000	2.165	−3.031	0.433	0.000	2.165	−2.165	2.750
	59	0.433	0.433	0.433	−1.299	0.000	−0.433	1.299	−1.299	2.250
	60	0.650	0.217	0.217	−1.516	0.217	−0.650	1.083	−1.083	3.375

表13.5 個人差パラメータ a_{tsjkc} の属性 t 別平均

属性t	魅力的就職条件			当たり前就職条件			一元的就職条件	
	一部上場	留学制度	フレックス	契約社員	深夜勤務	土日出勤	初任給高い	初任給低い
2年	0.866	0.178	0.484	−1.223	−0.306	−0.764	1.299	−1.299
3年	0.926	0.108	0.662	−1.383	−0.180	−0.637	1.335	−1.335
4年	0.494	0.234	0.719	−1.671	−0.130	−0.771	1.377	−1.377

表13.6 属性差パラメータ w_{tj} と全被験者共通のパラメータ W_3

属性t	就職条件		
	魅力的就職条件	当たり前就職条件	一元的就職条件
2年	0.829	0.628	0.577
3年	1.054	0.847	
4年	0.918	0.665	

較的高い精度で就職満足度 y_{tsi} が模写されているのである。

これより、基本モデル[13.1]の魅力的就職条件と当たり前就職条件に対して、WLBに関する就職条件を新たに組み込み、かつ属性差パラメータと全被験者共通のパラメータを導入することで、被験者横断的な分析モデルへと拡張しても、基本モデルの実証分析とほぼ同様の結果が得られていることがわかる。そういった意味で、魅力的就職条件と当たり前就職条件の枠組みに対して拡張モデル[13.4]で新たに追加した一元的就職条件の枠組みの妥当性が示唆されるのである。

一方、表13.4の個人差パラメータ a_{tsjkc}（被験者 s 別のカテゴリー・ウェイト）を見ると、魅力的就職条件（ $j=1$ ）では、ほとんどの被験者について a_{ts1k1} の符号が正で、当たり前就職条件（ $j=2$ ）では、ほぼすべての被験者について a_{ts2k2} の符号が負になっていることがわかる。この結果は、魅力的就職条件が充足されると満足が得られ、当たり前就職条件が充足されないと不満が生じることを示しており、これについても魅力的就職条件と当たり前就職条件の枠組みの妥当性を示す結果であろう。

また、一元的就職条件($j=3$)のa_{ts31c}については、$a_{ts311}\geqq0$で、$a_{ts312}\leqq0$となっており、それが充足されると（初任給が高いと）満足が得られ、それが充足されないと（初任給が低いと）不満が生じるという一元的な結果が得られている。これより、初任給を一元的就職条件として位置づけることの妥当性（ここに、給与を「衛生要因」として位置づける動機づけ・衛生理論[13.3]との違いがある）、そして魅力的就職条件と当たり前就職条件に一元的就職条件を追加した拡張モデル[13.4]の妥当性が示唆される。

さらに、個人差パラメータa_{tsjkc}の属性t別平均（**表13.5**）を要因kごとに見ると、魅力的就職条件($j=1$)では一部上場($k=1$)の値が大きく、当たり前就職条件($j=2$)では契約社員($k=1$)の値が負でその絶対値が非常に大きいことがわかる。また、一元的就職条件($j=3$)の個人差パラメータについても大きい値となっている。これらの結果より、学生（今回の被験者）が、大企業への就職を志向する傾向、非正規従業員（契約社員）となることを何としても回避しようとする傾向、そして初任給を重視する傾向が示唆され、これらは現実に即した結果であろう。ただし、4年生に関しては、2年生や3年生に比較して、「一部上場」の個人差パラメータが小さい値となっていることは注目すべき結果である。これは、4年生については就職活動の経験から、あまり一部上場企業にこだわりすぎると、内定獲得の可能性が低下するという認識を持つようになっていくことを示唆する結果であろう。

こうした点を含め、**表13.5**の結果（個人差パラメータa_{tsjkc}の属性t別平均）を解釈すると、2年生($t=1$)から4年生($t=3$)へと進むにつれて、

①一部上場企業にこだわらなくなる
②契約社員の待遇に対する不満が高まる
③深夜勤務はやむを得ないと考えるようになる
④留学制度に対する評価が高まる
⑤フレックス・タイム制度に対する評価が高まる

という傾向を指摘することができる。すなわち、学年が進み就職活動が身近

な存在になるとともに、「長時間勤務はやれといわれればやっても良いが、スキルアップの機会と時間を確保するために、土日出勤は避けたい」と考える意識が強まると考えられるのである。これより、就職活動が近づくにつれて、WLBに関する就職条件のうち、「フレックス・タイム制度の活用」を、「深夜勤務の回避」よりも重視するようになることが示唆される。

次に、**表13.6**における属性差パラメータ w_{ij} を見ると、すべての学年（2年生，3年生，4年生）とも属性差パラメータの最も大きい就職条件が「魅力的就職条件」であり、次いで「当たり前就職条件」、「一元的就職条件」の順となっていることがわかる。これより、**表13.4**の被験者が、すべての学年において、就職によって得られる「満足」を重視する傾向にあることが示唆される。とりわけ、2年生や4年生よりも3年生において、魅力的就職条件に対する属性差パラメータ（w_{21}）の値が大きくなっており、これは、2年生のときに漠然としていた就職に対する意識が、3年生になると、より良い（満足が得られる）就職条件を求めようとする意識へと変化していくこと、しかしながら4年生になると現実の厳しい就職活動を体験して、満足ばかりを求めてはいられないという妥協が芽生えることを、それぞれ示す結果ではないかと思われる。この点に関しては、より多くのデータによる検証が必要であるため、今後も継続的な調査・分析を展開していきたい。

一方で、「一元的就職条件」よりも「当たり前就職条件」の属性差パラメータが大きい値となっているのは、被験者（学生）にとって初任給が大切であることは当然であるが、それ以上に「当たり前就職条件」を充足しないような状態を避けようとする意識によるものであろう。とりわけ、非正規従業員（契約社員）となることは、何としても避けたいという強い意識（「契約社員」の個人差パラメータ a_{ts211} を参照）が働いていることが予想される。また、「当たり前就職条件」には「深夜勤務」（$k=2$）と「土日出勤」（$k=3$）といったWLBを阻害する要因が含まれていることも、「当たり前就職条件」に対する属性差パラメータの値を大きくする心理的基盤となっているのかもしれない。こうした結果から、現在の学生にとってWLBの実現が一つの重

要な就職条件となっていることが示唆される。

　以上のように、本節で紹介した実証分析[13.4]では、比較的高い重相関係数（R = 0.894）と現実に即したパラメータ（a_{tsjkc}, w_{tj}, W_3）の推定値が得られており、これより「魅力的就職条件」「当たり前就職条件」「一元的就職条件」の枠組みと、その分析モデル（WLBを考慮した就職満足度分析モデル[13.4]）の妥当性を確認することができるのである。

【本章では「平成22年度科学研究費補助金（基盤研究（C）「従業員の労働環境による企業価値への影響に関する分析と政策的提言の試み」研究代表者：萩原統宏）の一環として筆者ら（山下・萩原）が行った研究の成果を紹介している】

参考文献

[13.1] 山下洋史，萩原統宏："「魅力的就職条件」と「当たり前就職条件」に関する研究"，日本経営システム学会誌，Vol.32，No.3，pp.319-324, 2016

[13.2] 狩野紀昭，瀬楽信彦，高橋文夫，辻新一："魅力的品質と当たり前品質"，品質，Vol.14, No.2，pp.39-48, 1984

[13.3] Herzberg, F.：*Work and The Nature of Man*，World，1966（北野利信訳：仕事と人間性，東洋経済新報社，1968）

[13.4] 山下洋史，萩原統宏："ワーク・ライフ・バランスを考慮した就職条件分析モデル"，明大商学論叢，Vol.98，No.2，pp.31-49, 2016

[13.5] 山下洋史：人的資源管理の理論と実際，東京経済情報出版，1996

[13.6] 高根芳雄："心理学における非計量データの解析"，東京大学博士論文，1976

[13.7] 権善喜，山下洋史："「魅力的就職条件」と「当たり前就職条件」の学年別分析モデル"，日本経営システム学会2015年度「ヒューマン・リソース」研究部会発表資料，2015

索　引

〔英数〕

3M＋I ……………………………………… ⅰ,3
ICT（Information & Communication
　　Technology；情報通信技術）……… ⅰ,119
I-I chart ……………………………………… 92
IT（Information Technology；情報技術）… ⅰ
MTP（Management Training program）… 50
no work-no pay …………………………… 75
off JT（off the Job Training；職場外教育
　　訓練）…………………………………… 47,49
OJT（On the Job Training；職場内教育
　　訓練）…………………………………… 46,49
PDCAサイクル ………………… 113,119,121,125,127
PDSサイクル …………………… 113,119,121,125,127
PM理論 ……………………………………… 86
SCM（Supply Chain Management）……… 118
TWI（Training Within Industry）………… 50
X理論とY理論 ……………………………… 82
Y型コミュニケーション・ネットワーク・102

〔あ〕

当たり前品質 ……………………………… 148
アルファベット尺度法 …………………… 17
安全・安定の欲求 ………………………… 83
安全衛生管理体制 ………………………… 59
あんどん …………………………………… 128

意地悪モデル ……………………………… 131
一元的就職条件 ………………… 154,161,163,164-165
一元的品質 ………………………………… 149,155
一次的欲求 ………………………………… 84
一体化度指数 ……………………………… 92,95
一定期日払いの原則 ……………………… 65
一般従業員教育 …………………………… 50
一般熟練 …………………………………… 48

衛生要因
　　（hygiene factors／hygienes）……… 84,149
エンド・ユーザー・コンピューティング
　　（EUC）………………………………… 12

オープン・ショップ ……………………… 74
遅れの規約 ………………………………… 98,99
思いやりモデル …………………………… 132

〔か〕

カスプ曲線 ………………………………… 97
カテゴリー・ウェイト …………………… 152,153,156
狩野モデル ………………………………… 150
寛大化傾向（寛容性傾向）……………… 23,26
かんばん …………………………………… 128
管理者・監督者教育 ……………………… 50

企業内組合 ………………………………… 71
逆選択 ……………………………………… 32
（評定の）客観性 ………………………… 23
客観的疲労 ………………………………… 61
狭義の情報 ………………………………… 114
協力解 ……………………………………… 76
局所最適化 ………………………… 38,41,46,126

くさびのカタストロフィー ……………… 96
クローズド・ショップ …………………… 74

経営資源（3M＋I；Man, Money,
　　Material, Information）…………… ⅰ,3
経営者教育 ………………………………… 51
経営戦略 …………………………………… 3,4
経営モデル化 ……………………………… 5

索 引

権威型リーダーシップ ……………………… 86
厳格化傾向
　（酷評化傾向・負の寛大化傾向）……… 24,26
権限委譲 …………………………… 38,41,46,123
限定共有 ………………………………… 132,135

コア・タイム ………………………………… 58
合意形成 …………………………………… 119
考課方式 …………………………………… 16
広義の情報 ………………………………… 114
公式集団（フォーマル・グループ）……… 80
（評定の）恒常性 …………………………… 23
交替制 ……………………………………… 57
公的調整 …………………………………… 75
行動見本項目 ……………………………… 18
行動見本法 ………………………………… 18
個人差パラメータ ……… 155,156,160,161,163,164
（賃金の）コスト性 ………………………… 64
固有方程式 ………………………………… 105
固有ベクトル ……………………………… 105

〔さ〕

サークル型コミュニケーション・ネットワ
　ーク ……………………………………… 102
サービス残業 ……………………………… 56
作業環境 …………………………………… 59

支援（サポート）…………………………… ii
自我・自尊の欲求 ………………………… 83
時間外労働 ………………………………… 55
資金労働者 ………………………………… 7
シグナリング理論 ………………………… 31
自己実現（self-actualization）…………… 81,83
自己申告制 ………………………………… 20
自己評定 …………………………………… 20
時短 ………………………………………… 55

社会的欲求 ………………………………… 83
シャノン・エントロピー ………………… 106
就社 ………………………………………… 30
終身雇用 …………………………………… 41
重相関係数 …………………………… 153,160
集団維持機能（M機能：maintenance）…… 86
受益者負担 ………………………………… 55
主観的疲労 ………………………………… 60
熟練モデル ………………………………… 70
順位法 ……………………………………… 16
春闘 ………………………………………… 67
条件つきエントロピー …………………… 107
照合法 ……………………………………… 18
情報引力 …………………………………… 141
情報獲得願望係数 ………………………… 135
情報共有 ……… 46,113,118,125,126,128,131,134,136
情報社会 …………………………………… 11
情報遮断エネルギー ……………… 132,136,144
情報占有 …………………………………… 133,141
情報占有コスト …………………………… 136
情報提供の閾値 …………………………… 138
情報優位 …………………………………… 32
情報劣位 …………………………………… 32
賞与 ………………………………………… 66
職能給 ……………………………………… 69
職務記述書（job description）…………… 13
職務給 ………………………………… 14,64,67
職務明細書（job specification）………… 13
職務評価 …………………………………… 14
ジョブ・ローテーション ………………… 38
シングル・レート（単一職務給）………… 67
人材マネジメント論 ……………………… i
人事・労務管理 …………………………… 4
人事スタッフ ……………………………… 8
新入社員教育 ……………………………… 49
人物比較法 ………………………………… 16

推移確率行列 103
垂直的内部組織構造 38
数字尺度法 17
スクリーニング仮説 31
スケール・メリット 53
ストライキ 75

生活保障性 64
正規方程式 152,160
清算期間 59
生理的疲労 61
生理的欲求 83
説明可能性 117,122
全額払いの原則 64
潜在的ネガティブ情報 141
選択定年制 29,43
（くさびの）尖点 97
専門的学習 38,94
（情報の）占有的価値 135,136,140

総合評定 22
属性差パラメータ 155,156,160,161,163,165
属人給 68
組織成立の必要十分条件 92,101
組織の論理 36,37

〔た〕

対称解 77
対人関係 85
対立解 77
多項目総合的考課法 19
ダミー変数 152,153,155
団体交渉（collective bargaining） 74

チェーン型コミュニケーション・ネットワーク 102

知識の簡潔さ 117,121
知識の広範さ 117,121
注意の配分 99
中央化傾向（中心化傾向） 23,26
中心性 102
中途退職 41
直接払いの原則 64
直交配列 153,160

通貨払いの原則 64
通信路行列 103,107

定常分布ベクトル 104
定年延長 29,42
定年退職 41
適性配置 33
適正配置 33

同一職務同一賃金 68
動機づけ・衛生理論 84,149,151,164
動機づけ要因
　（motivational factors／motivators） 84,149
特殊熟練 48
トレードオフ 22,117,127

〔な〕

内発的動機づけ 82
内部昇進制モデル 35,40
（情報の）内容的価値 135,156,140
泣き寝入り解 77,78

二次的欲求 84
人間の論理 36,37

ねじれ現象 37,39
年功型賃金形態 68

167

〔は〕

配置転換 ……………………………………… 34
幅広い参加的学習 ……………………… 38,94
ハロー効果 …………………………………… 24
半水平的組織構造 ………………………… 39

非限定共有 ……………………………… 132,135
非公式集団
　（インフォーマル・グループ）………… 80
非対称解 ……………………………………… 77
非対称性 ……………………………………… 95
非適性配置 …………………………………… 33
被評定者の特性値 ………………………… 24
評語法 ………………………………………… 17
評定尺度法 …………………………………… 17
評定者の特性値 …………………………… 24
評定の信頼性 ………………………………… 23
評定要素 ………………………………… 17,20
非連続的尺度法 …………………………… 17

フィードバック ………………………… 120
フィリップス曲線 ………………………… 66
プライム・リソース ……………………… i ,3
フリンジ・ベネフィット
　（fringe benefit）………………………… 53
フレックス・タイム制（flextime, flexible
　working-hours）……………… 56,57,165
分析的評定 …………………………………… 19
分離可能 …………………………………… 157

平常要因 ……………………………………… 97
編集された情報 ………………………… 109

ホイール型コミュニケーション・ネットワ
　ーク ……………………………………… 102

法定外福祉 …………………………………… 54
法定福祉 ……………………………………… 54
放任型リーダーシップ …………………… 86
ホーソン実験 ………………………………… 80
ポジティブ情報 ………………………… 140,142
ポスト不足 …………………………………… 36

〔ま〕

マクロ的情報共有 ……………………… 125
毎月1回以上支払の原則 ………………… 65
マネジリアル・グリッド ………………… 86

見返り ……………………………… 136-138,143
見返り遮断エネルギー ………………… 144
ミクロ的情報共有 ……………………… 125
魅力的品質 ………………………………… 148
民主型リーダーシップ …………………… 86

無関心圏 ……………………………………… 97
無関心度指数 ………………………… 92,94
無記憶通信路 …………………………… 105
無限ループ ……………………………… 121

迷信的学習 ………………………………… 94,99
メンタル・ヘルス ………………………… 61

目標達成機能（P機能：performance）…… 86
モラール …………………………………… 80

〔や〕

有価グラフ ………………………………… 103
ユニオン・ショップ ……………………… 74

要員計画 ……………………………………… 30
要素評定 ……………………………………… 20
（情報の）汚れ ………………………… 115

欲求5段階説 ················ 82,85,149

〔ら〕

ランク・ヒエラルキーによるインセンティブ ················ 35,38,41
ランク落ち ················ 152,156

リエンジニアリング（BPR；Business Process Reengineering） ················ 39,118
リストラクチャリング ················ 42

レイティング・モデル ················ 22
レンジ・レート（範囲職務給） ················ 68
連続的尺度法 ················ 17

労資関係（labor-capital relations） ················ 71
労使関係（labor-management relations） ··· 71
労働市場 ················ 65
労働基準法 ················ 64
労働協約（collective agreement） ················ 75
労働組合法 ················ 72
労働者人格 ················ 7
労働対価性 ················ 63
労働秩序 ················ 7
労働力 ················ 7

〔わ〕

ワーク・ライフ・バランス（WLB） ················ 148,155,166

〈著者紹介〉

山下　洋史（やました・ひろし）
　明治大学商学部教授，博士（工学），博士（商学）
《主要著書》
『経営情報のネットワーキング戦略と情報管理』，同文舘出版，2014年
『情報管理の基礎』，東京経済情報出版，2007年
『スマート・シンクロナイゼーション ―eビジネスとSCMによる二重の情報共有―』
　（共編著），同文舘出版，2006年
『情報化時代の人的資源管理』，東京経済情報出版，2006年
『情報・知識共有を基礎としたマネジメント・モデル』，東京経済情報出版，2005年
『グローバルSCM ―サプライチェーン・マネジメントの新しい潮流―』（共編著），有斐閣，2003年

平成28年10月20日　初版発行		《検印省略》
令和元年9月20日　初版2刷発行		略称：山下人的資源管理

人的資源管理と日本の組織

著　者　Ⓒ　山　下　洋　史
発行者　　　中　島　治　久

発行所　　同文舘出版株式会社
東京都千代田区神田神保町1-41　　〒101-0051
電話　営業(03)3294-1801　　編集(03)3294-1803
振替　00100-8-42935　　http://www.dobunkan.co.jp

Printed in Japan 2016

製版：一企画
印刷・製本：萩原印刷

ISBN 978-4-495-38731-0

JCOPY〈出版者著作権管理機構　委託出版物〉
本書の無断複製は著作権法上での例外を除き禁じられています。複製される場合は，そのつど事前に，出版者著作権管理機構（電話 03-5244-5088，FAX 03-5244-5089, e-mail : info@jcopy.or.jp）の許諾を得てください。